중.국.어 문형 노트

중.국.어 문형 노트

권호종 · 황영희 지음

머리말

이 책은 중국어의 첫 관문인 발음학습 단계를 지나서 기초적인 어휘와 짧은 문장구조를 이미 학습한 이를 대상으로 삼고 있다.

중국어에는 우리말이나 영어와 공통적인 문형이 있는가 하면, 또 중국어만의 독특한 문형이 다양하게 존재한다. 이 책은 이러한 다양한 문형을 주제로 삼아 21개의 과로 구성하였으며, 매과의 제목은 그러한 주제를 담은 중국어문장 가운데 대표성이 있는 간단한 문장으로 지어졌다. 매과는 「문형제시」, 「문형설명」, 「문형실례」, 「해석연습」, 「작문연습」의 다섯 부분으로 구성되어 있다.

「문형제시」에서는 그 과에서 학습할 대표문형의 모습만 제시하여, 해당과의 학습주제를 간략히 파악할 수 있게 하였고, 이어서 「문형설명」에서는 그러한 문형의 유형과 내용을 어법적인 차원에서 자세히 설명하였다. 「문형실례」에서는 앞서 학습한 문형의 실례를 다양하게 제시함으로써 학습내용을 다시 확인하고 정리할 수 있도록 하였다. 이렇게 학습한 중국어 문형은 다시 「해석연습」을 통하여서 해당문형의 문장을 우리말로 혼자서도 번역할

수 있는 능력을 배양하게 하게 하였고, 「작문연습」을 통하여서는
거꾸로 우리말을 해당문형으로 작문할 수 있는 능력을 함양하게
하였다. 「해석연습」과 「작문연습」에 대한 해답은 이 책의 말미
에 일괄적으로 함께 첨부하여서, 자신이 작성한 답안과 직접 대
조할 수 있도록 하였다.

학습자들은 이 책에서 설명한 각종 중국어 문형을 심도 있게 학
습함으로써 어떠한 유형의 중국어문장도 혼자서 독해할 수 있
고, 또 역으로 각종 유형의 한국어문장을 중국어로 작문할 수
있는 기본지식과 능력을 함양하게 되기를 기대한다.

2009년 저자 씀

Contents

第1课

爸爸坐地铁上班。　아버지는 지하철을 타고 출근하신다.

연동문

「주어＋동사1＋(목적어)＋동사2＋(목적어)……」
「주어＋没有/不＋동사1＋(목적어)＋동사2＋(목적어)……」
「동사1＋了＋就/才/再＋동사2」
「동사1(来/去/到)＋목적어＋동사2＋了」
「동사1＋着＋동사2」
「동사1＋동사2＋过」

연동문　　동작이 행해지는 순서에 따라 두 개 이상의 동사 또는 동사구가 연이어 술어가 되는 문장을 「연동문」이라고 한다. 「연동문」에 쓰이는 두 개의 동사는 동일한 주어를 갖게 된다.

「주어 + 동사1 + (목적어) + 동사2 + (목적어) … 」

一. 연동문의 주요 용법

선행동사인 동사1을 A로 보고, 후행동사인 동사2를 B로 봐서 그 관계를 알아본다.

1. 동작의 발생순서가 선후관계를 나타낸다.

　　"A하고 B하다."

　　站起来回答这个问题。

　　Zhànqǐlai huídá zhè ge wèntí.

　　일어서서 이 문제에 대답을 하세요.

2. 동작의 방식이나 수단을 나타낸다.

　　"A하면서 B하다", "A하고 나서 B하다", "A로 B를 하다."

　　我们今天开始用汉语谈话。

　　Wǒmen jīntiān kāishǐ yòng Hànyǔ tánhuà.

　　우리는 오늘부터 중국어로 대화를 나눈다.

3. 동작의 목적을 나타낸다.

　　"B하기 위해 A하다", "B를 하고자 A하다", "B를 할 수 있게 A를 하다."

　　我渴死了，给我买瓶汽水喝吧。

　　Wǒ kěsǐ le, gěi wǒ mǎi píng qìshuǐ hē ba.

　　나는 목말라 죽겠으니, 마실 수 있도록 나에게 사이다 한 병을 사 주세요.

二. 연동문의 부정형

연동문의 부정부사는 동사1의 앞에 쓰인다.

「주어 + 没有/不 + 동사1 + (목적어) + 동사2 + (목적어)······」

我没有时间跟他商量旅游的事情。
Wǒ méiyǒu shíjiān gēn tā shāngliáng lǚyóu de shìqing.
나는 그와 여행에 관한 일에 대해 상의할 시간이 없다.

三. 연동문의 문법적 특징

1. 선행동사가 「来」·「去」·「到」인 경우

이 문형은 동사2에서 동사1로 번역을 한다.

我们经常来这儿散步。
Wǒmen jīngcháng lái zhèr sànbù.
우리는 자주 여기로 산책 온다.

2. 선행동사가 「有」일 경우

목적어에 대한 의미를 제한 설명한다. 이때 동사2에서 동사1로 번역을 한다.

书店有很多书可买, 值得去一趟。
Shūdiàn yǒu hěn duō shū kě mǎi, zhíde qù yí tàng.
서점에 살 만한 책이 많아 한번 가 볼 만하다.

3. 동태조사 「了」·「着」·「过」의 위치

1) 「了」의 위치

(1) 「동사1 + 了 + 就/才/再 + 동사2」

두 동작이 연속으로 발생할 시 「了」는 동사1 뒤에 위치한다.

明天下了课, 就去看住在医院的朋友。
Míngtiān xià le kè, jiù qù kàn zhù zài yīyuàn de péngyou.
내일 수업 마치면, 병원에 입원한 친구를 보러 간다.

(2) 「동사1(来/去/到) + 목적어 + 동사2 + 了」

동사1이 「来」·「去」·「到」인 경우의 「了」는 동사2 뒤에 온다.

我去邮局寄了一封信。

Wǒ qù yóujú jì le yì fēng xìn.

나는 우체국에 가서 편지 한 통을 부쳤다.

2) 「동사1 + 着 + 동사2」

「着」은 동사1 뒤에 위치한다.

这块面包留着给你吃。

Zhè kuài miànbāo liúzhe gěi nǐ chī.

이 빵은 너 먹으라고 남겨 두었다

3) 「동사1 + 동사2 + 过」

「过」는 동사2 뒤에 위치한다.

我去上海旅行过三次。

Wǒ qù Shànghǎi lǚxíngguo sān cì.

나는 상하이로 여행을 세 번 간 적 있다.

4. 부사나 능원동사의 위치

부사나 능원동사는 동사1 앞에 위치하여 문장 전체를 수식한다.

我想在街上找个银行取点钱。

Wǒ xiǎng zài jiē shang zhǎo ge yínháng qǔ diǎn qián.

나는 길에서 은행을 찾아 돈을 좀 찾으려고 한다.

1. 我关灯睡觉了。
   Wǒ guān dēng shuìjiào le.

   나는 등을 끄고 잠을 잤다.

2. 爸爸坐地铁上班。
   Bàba zuò dìtiě shàngbān.

   아버지는 지하철을 타고 출근하신다.

3. 我要去法国参加国际会议。
   Wǒ yào qù Fǎguó cānjiā guójì huìyì.

   나는 국제회의에 참가하러 프랑스로 가야 한다.

4. 我有几个问题要问你。
   Wǒ yǒu jǐ ge wèntí yào wèn nǐ.

   나는 너에게 물어볼 질문이 몇 개 있다.

5. 我没有多余的钱可以借给他。
   Wǒ méiyǒu duōyú de qián kěyǐ jiè gěi tā.

   나는 그에게 빌려 줄 수 있는 여유 돈이 없다.

6. 我们有机会上大学。
   Wǒmen yǒu jīhuì shàng dàxué.

   우리는 대학에 갈 기회가 있다.

7. 我们从来没一起去看过电影。
   Wǒmen cónglái méi yìqǐ qù kànguo diànyǐng.

   우리는 여태껏 같이 영화 보러 간 적이 없었다.

8. 我要去机场送他。
   Wǒ yào qù jīchǎng sòng tā.

   나는 공항에 그를 배웅하러 가야 한다.

9. 吃了早饭就急急忙忙去学校了。
   Chī le zǎofàn jiù jíjímángmáng qù xuéxiào le.

   아침을 먹고 바로 서둘러 학교에 갔다.

10. 小明听了故事，感动地掉了眼泪。
    Xiǎo Míng tīng le gùshi, gǎndòng de diào le yǎnlèi.

    샤우밍은 이야기를 듣고 감동하여 눈물을 흘렸다.

1. 他回头看我一眼。
   Tā huítóu kàn wǒ yì yǎn.

   ____

2. 他从杭州坐火车去南京。
   Tā cóng Hángzhōu zuò huǒchē qù Nánjīng.

   ____

3. 明天我们要到上海旅行。
   Míngtiān wǒmen yào dào Shànghǎi lǚxíng.

   ____

4. 这儿没有人姓郑。
   Zhèr méiyǒu rén xìng Zhèng.

   ____

5. 他去办公室找赵老师。
   Tā qù bàngōngshì zhǎo Zhào lǎoshī.

   ____

6. 我有资格参加这次比赛。
   Wǒ yǒu zīgé cānjiā zhè cì bǐsài.

   ____

7. 坐着休息一会儿吧。
   Zuòzhe xiūxi yí huìr ba.

   ____

8. 我们去北京时吃过烤鸭。
   Wǒmen qù Běijīng shí chīguo kǎoyā.

   ____

9. 我们也坐船去旅行。
   Wǒmen yě zuò chuán qù lǚxíng.

   ____

10. 我去图书馆借了语法书。
    Wǒ qù túshūguǎn jiè le yǔfǎ shū.

   ____

1. 여기 와서 보세요!

    ______________________________________ .

2. 나는 왼손으로 글을 쓴다.

    ______________________________________ .

3. 나는 상점에 가서 우유를 산다.

    ______________________________________ .

4. 우리는 영화 보러 안 간다.

    ______________________________________ .

5. 우리는 여행사에 가서 비행기 표를 산다.

    ______________________________________ .

6. 나는 먹을 밥이 없고, 입을 옷이 없다.

    ______________________________________ .

7. 누워서 텔레비전을 보지 마세요.

    ______________________________________ .

8. 그는 고등학교 다닐 때 반장을 맡은 적 있다.

    ______________________________________ .

9. 나는 반드시 그에게 가서 알릴 것이다.

    ______________________________________ .

10. 나는 퇴근한 후에 비로소 너를 만나러 갈 수 있다.

    ______________________________________ .

第2课

劝他不要喝酒。　그에게 술 마시지 말라고 타일렀다.

문형제시

겸어문

「주어1＋동사1＋겸어(목적어⇒주어2)＋동사2」

「没有＋동사1(请/要求/命令/吩咐)····동사2」

「不＋동사1(让/叫)····동사2」

「동사1(심리동사)＋원인」

「동사1＋겸어＋동사2＋····」

「有＋겸어＋동사2＋····」

겸어문　　하나의 문장에서 동사의 목적어가 다시 뒤에 오는 동사나 형용사의 주어를 겸하니 그 성분을 겸어라 하고, 겸어를 가지고 있는 문장을 「겸어문」이라 한다. "누구에게 무엇을 하게 하다"라는 뜻으로 사역형의 성격을 띠고 있다.

一. 겸어문의 긍정문 형식

선행동사인 동사1의 목적어가 동시에 후행동사 동사2의 주어가 되는 형식.

「주어1 + 동사1 + 겸어(목적어⇒주어2) + 동사2」

我可以请他们再来一次。
Wǒ kěyǐ qǐng tāmen zài lái yí cì.
나는 그들을 다시 한 번 오라고 요청할 수 있다.

二. 겸어문의 부정문 형식

「没有 + 동사1(请/要求/命令/吩咐)……동사2」
「不 + 동사1(让/叫)……동사2」

你没有资格命令我。
Nǐ méiyǒu zīgé mìnglìng wǒ.
너는 나를 명령할 자격이 없다.

三. 겸어문의 종류

1. 사역의 의미를 나타낸다.

겸어문에 쓰이는 사역동사

<要 하도록 하다.>　<催 재촉하다.>　<请 청(의뢰)하다.>
<让 ～하게 하다.>　<派 파견하다.>　<使…… ～하도록 하다.>

<叫 시키다.>　　<劝 권고하다.>　　<选 선출하다.>　　<命令 명령하다.>
<禁止 금지하다.>　　<要求 요구하다.>　　<准(许) 허락하다.>
<强迫…… 강제로 ~하게 하다.>　　<吩咐 분부하다.>　　<邀请 초청하다.>

准备一下行李，单位明天派我出差。

Zhǔnbèi xíngli yíxià, dánwèi míngtiān pài wǒ chūchāi.

짐을 준비해라, 부서에서 내일 나를 출장 보낸다.

校方严格要求学生遵守纪律。

Xiàofāng yángé yāoqiú xuésheng zūnshǒu jìlǜ.

학교에서는 학생들에게 규율을 지킬 것을 엄격히 요구한다.

尽管吩咐我们该做什么事情。

Jǐnguǎn fēnfù wǒmen gāi zuò shénme shìqing.

우리가 어떤 일을 해야 하는지를 얼마든지 분부하세요.

父亲叫大哥在月底以前赶回来。

Fùqīn jiào dàgē zài yuèdǐ yǐqián gǎn huílai.

아버지는 큰형에게 이달 말 전에 돌아오라고 시켰다.

国务员命令公职人员不能收贿赂。

Guówùyuán mìnglìng gōngzhí rényuán bù néng shōu huìlù.

국무원은 공무원들에게 뇌물을 받지 말도록 명령했다.

虚心使人进步，骄傲使人落后。

Xūxīn shǐ rén jìnbù, jiāoào shǐ rén luòhòu.

겸허는 사람을 발전시키고 교만은 사람을 후퇴시킨다.

个人的看法和意见不能强迫别人接受。

Gèrén de kànfǎ hé yìjian bù néng qiángpò biérén jiēshòu.

개인의 견해와 의견을 다른 사람에게 받아들이도록 강요하면 안 된다.

利用对方的弱点强迫对方答应。

Lìyòng duìfāng de ruòdiǎn qiángpò duìfāng dāying.

상대방의 약점을 이용해서 상대방에게 승낙하도록 강요한다.

2. 좋거나 나쁨을 나타낸다.

「동사1(심리동사) + 원인」

겸어문에 쓰이는 심리동사
　　<喜欢 좋아하다.>　　<讨厌 싫어하다.>　　<爱 사랑하다.>
　　<恨 미워하다.>　　<嫌 혐오하다.>　　<感动 감동하다.>
　　<原谅 용서하다.>　　<佩服 존경하다.>　　<欣赏 좋아하다.>

我们都佩服他办事公道。
Wǒmen dōu pèifú tā bàn shì gōngdào.
우리는 모두 그가 공정하게 일 처리하는 것을 존경한다.

她嫌我不够实在，所以考虑分手。
Tā xián wǒ bú gòu shízài, suǒyǐ kǎolǜ fēnshǒu.
그녀는 내가 현실성이 부족하다고 싫어하여 헤어지기를 고려하고 있다.

我很欣赏他的一举一动。
Wǒ hěn xīnshǎng tā de yì jǔ yí dòng.
나는 그의 모든 행동을 좋아한다.

请你们原谅他犯的过错吧。
Qǐng nǐmen yuánliàng tā fàn de guòcuò ba.
당신들은 그가 저지른 잘못을 용서해 주기 바란다.

3. 호칭이나 인정의 의미를 나타낸다.

「동사1 + 겸어 + 동사2 + ……」
선행동사 <叫, 称, 认, 拜, 选, 骂>
후행동사 <为, 做, 当, 是>

孔子被称为「诗圣」。
Kǒngzi bèi chēngwéi「shī shèng」.
공자는 「시성」으로 칭송받다.

我认你当师父，你教我太极拳吧。

Wǒ rèn nǐ dāng shīfu, nǐ jiāo wǒ tàijíquán ba.

나는 당신을 스승으로 모시고자 하니 나에게 태극권을 가르쳐 주세요.

小张骂我是懒虫。

Xiǎo Zhāng mà wǒ shì lǎnchóng.

샤우장은 나를 게으름뱅이라고 욕한다.

4. 「有」를 사용한 겸어문

「有＋겸어＋동사2＋‥‥」

我有很多同学还没结婚。

Wǒ yǒu hěn duō tóngxué hái méi jiéhūn.

나의 많은 동창들은 아직 결혼을 하지 않았다.

我有几个朋友明天要来看我。

Wǒ yǒu jǐ ge péngyou míngtiān yào lái kàn wǒ.

나의 몇몇 친구들은 내일 나를 보러 올 것이다.

我有一些书是从中国带来的。

Wǒ yǒu yìxiē shū shì cóng Zhōngguó dàilái de.

나에게는 중국에서 가져온 책들이 있다.

1. 我不叫你来，你就不能自己来吗?
   Wǒ bú jiào nǐ lái, nǐ jiù bù néng zìjǐ lái ma?

   내가 당신을 오라고 시키지 않으면 당신은 혼자서 올 수 없습니까?

2. 护士请大夫来病房看病人。
   Hùshi qǐng dàifu lái bìngfáng kàn bìngrén.

   간호사는 의사선생님을 불러 병실에 와서 환자를 보도록 했다.

3. 我们派代表出席这次大会。
   Wǒmen pài dàibiǎo chūxí zhè cì dàhuì.

   우리는 대표를 보내 이번 대회에 참석하도록 한다.

4. 他身体不好，你应该劝他休息休息。
   Tā shēntǐ bù hǎo, nǐ yīnggāi quàn tā xiūxi xiūxi.

   그는 몸이 좋지 않으니 너는 그에게 좀 쉬라고 권해야 한다.

5. 劝他不要喝酒，不要抽烟，不要赌博。
   Quàn tā bú yào hē jiǔ, bú yāo chōuyān, bú yāo dǔbó.

   그에게 술 마시지 말고 담배 피지 말고 도박하지 말라고 타일렀다.

6. 我们选他当今年三年级的班长。
   Wǒmen xuǎn tā dāng jīnnián sān niánjí de bānzhǎng.

   우리는 그를 올해 3학년 반장으로 선출했다.

7. 我喜欢他认真而诚恳的态度。
   Wǒ xǐhuan tā rènzhēn ér chéngkěn de tàidù.

   나는 그의 진지하고도 진실한 태도를 좋아한다.

8. 他有个表妹嫁给了美国人。
   Tā yǒu ge biǎomèi jià gěi le Měiguórén.

   그의 한 사촌누이동생이 미국인에게 시집갔다.

9. 我讨厌这个地方春天的风沙。
   Wǒ tǎoyàn zhè ge dìfang chūntiān de fēngshā.

   나는 봄에 부는 이 지방의 모래바람을 싫어한다.

10. 经理要求我办完事再下班。
    Jīnglǐ yāoqiú wǒ bàn wán shì zài xiàbān.

    사장은 내가 일을 다 마친 후 퇴근하도록 요구했다.

1. 让你久等了。
   Ràng nǐ jiǔ děng le.

   _______________________________.

2. 我没有请你进去。
   Wǒ méiyǒu qǐng nǐ jìnqù.

   _______________________________.

3. 我想请你们吃饭。
   Wǒ xiǎng qǐng nǐmen chīfàn.

   _______________________________.

4. 白小姐让我替她向你问好。
   Bái xiǎojiě ràng wǒ tì tā xiàng nǐ wèn hǎo.

   _______________________________.

5. 这个计划使他受到了较大的压力。
   Zhè ge jìhuà shǐ tā shòudào le jiào dà de yālì.

   _______________________________.

6. 陈经理叫小姜去机场接客人。
   Chén jīnglǐ jiào Xiǎo Jiāng qù jīchǎng jiē kèrén.

   _______________________________.

7. 选出最有影响力的人来担任这一项工作。
   Xuǎnchū zuì yǒu yǐngxiǎnglì de rén lái dānrèn zhè yi xiàng gōngzuò

   _______________________________.

8. 军人应该服从命令听指挥。
   Jūnrén yīnggāi fúcóng mìnglíng tīng zhǐhuī.

   _______________________________.

9. 我们认他是我们的榜样。
   Wǒmen rèn tā shì wǒmen de bǎngyàng.

   _______________________________.

10. 他的话使人感动。
    Tā de huà shǐ rén gǎndòng.

    _______________________________.

1. 그는 나에게 영화를 보러 가자고 청했다.
   ______________________________________ .

2. 선생님은 너에게 이 일을 알려 주라고 나를 시켰다.
   ______________________________________ .

3. 아버지는 내가 저녁무도회에 참가하지 못하도록 했다.
   ______________________________________ .

4. 그는 나에게 담배를 적게 피도록 권했다.
   ______________________________________ .

5. 너에게 걱정을 끼쳤다.
   ______________________________________ .

6. 그 해당지역의 상황을 좀 이해하도록 사람을 보내라.
   ______________________________________ .

7. 선생님은 널더러 가지 말고 선생님을 좀 기다리라고 한다.
   ______________________________________ .

8. 회사는 내가 금연하도록 요구했다.
   ______________________________________ .

9. 우리는 그가 방문단의 단장이 되도록 선출하였다.
   ______________________________________ .

10. 사장님은 나를 지점으로 출근하도록 파견했다.
   ______________________________________ .

第3课

你身体好吗? 건강하십니까?

의문문 I

「동사 술어문＋吗?」

「형용사 술어문＋吗?」

「주술 술어문＋吗?」

「명사 술어문＋吗?」

「谁?」

「哪(一)位?」

「什么?」

「多少?」

「几?」

「什么时候?」

「哪儿?」

「什么地方?」

「怎么样?」

「怎么＋동사?」

「几?」

「什么时候?」

「哪儿?」

「什么地方?」

「怎么样?」

「怎么＋동사?」

의문문 I

一. 시비(是非)의문문

단순히 긍정이나 부정의 대답을 요구하는 의문문을 「시비의문문」이라 하며, 긍정문이나 부정문의 문미에 어기조사 「吗」를 쓰면 의문의 어조를 띠게 된다. 이런 의문문은 일반적으로 「是」 혹은 「不是」로 대답한다.

1. 「동사 술어문＋吗?」

   这是汉语词典吗?

   Zhè shì Hànyǔ cídiǎn ma?

   이것은 중국어 사전입니까?

2. 「형용사 술어문＋吗?」

   首尔的夏天热吗?

   Shǒuěr de xiàtiān rè ma?

   서울의 여름은 덥습니까?

3. 「주술 술어문＋吗?」

   你身体好吗?

   Nǐ shēntǐ hǎo ma?

   당신은 건강하십니까?

4. 「명사 술어문＋吗?」

   明天是星期六吗?

   Míngtiān shì xīngqīliù ma?

   내일은 토요일입니까?

二. 특지(特指)의문문

구체적인 사물이나 사람을 지칭하여 묻고 또한 그에 해당되는 답변을 요구하는
의문 문형이며, 이때 해당 의문대명사를 수반한다.

1. 사람을 물을 때: 「谁」, 「哪(一)位」

   谁是我们的班代表?
   Shéi shì wǒmen de bān dàibiǎo?
   누가 우리 반 대표이니?

2. 사물을 물을 때: 「什么」

   去商店买什么东西?
   Qù shāngdiàn mǎi shénme dōngxi?
   상점에 가서 어떤 물건을 삽니까?

3. 시간을 물을 때: 「多少」, 「几」, 「什么时候」

   放多少天假?
   Fàng duōshao tiān jià?
   며칠간 방학을 합니까?

4. 장소를 물을 때: 「哪儿」, 「什么地方」, 「哪里」

   现在在哪儿工作?
   Xiànzài zài nǎr gōngzuò?
   지금 어디에서 일을 합니까?

5. 수와 수량을 물을 때: 「几」, 「多少」

   你买了几朵花?
   Nǐ mǎi le jǐ duǒ huā?
   너는 꽃을 몇 송이 샀니?

   去火车站要坐几路车?

   Qù huǒchēzhàn yào zuò jǐ lù chē?
   기차역에 가려면 몇 번 버스를 타야 합니까?

6. 성질이나 상태, 상황을 물을 때: 「怎么样」

味道怎么样?

Wèidao zěnmeyàng?

맛이 어떻습니까?

7. 방식이나 방법을 물을 때: 「怎么 + 동사」

要是他不同意的话怎么办?

Yàoshi tā bù tóngyì de huà zěnmebàn?

만일 그가 동의하지 않으면 어떻게 하지요?

1. 你去看电影吗?
   Nǐ qù kàn diànyǐng ma?

   당신은 영화 보러 갑니까?

2. 那个人是谁?
   Nà ge rén shì shéi?

   저 사람은 누구십니까?

3. 你喜欢哪一种?
   Nǐ xǐhuan nǎ yi zhǒng?

   당신은 어떤 종류를 좋아합니까?

4. 哪些是你的书?
   Nǎ xiē shì nǐ de shū?

   어떤 것들이 당신의 책입니까?

5. 需要几个星期?
   Xūyào jǐ ge xīngqī?

   몇 주가 필요합니까?

6. 你是从哪儿来的?
   Nǐ shì cóng nǎr lái de?

   당신은 어디서 왔습니까?

7. 离开学还有几天?
   Lí kāixué hái yǒu jǐ tiān?

   개학까지 아직 며칠이 남았니?

8. 昨天看的电影内容怎么样?
   Zuótiān kàn de diànyǐng nèiróng zěnmeyàng?

   어제 본 영화의 내용은 어땠어?

9. 这种大衣怎么洗?
   Zhè zhǒng dàyī zěnme xǐ?

   이런 외투는 어떻게 세탁합니까?

10. 你不觉得疼吗?
    Nǐ bù juéde téng ma?

    너는 아프지 않니?

중국어 문형 노트

1. 电影好看吗?
   Diànyǐng hǎokàn ma?

   _______________________________ .

2. 哪位是王老师?
   Nǎ wèi shì Wáng lǎoshī?

   _______________________________ .

3. 哪一本是我的书?
   Nǎ yi běn shì wǒ de shū?

   _______________________________ .

4. 你什么时候去中国?
   Nǐ shénme shíhou qù Zhōngguó?

   _______________________________ .

5. 你住在什么地方?
   Nǐ zhù zài shénme dìfang?

   _______________________________ .

6. 一共买了多少双鞋子?
   Yígòng mǎi le duōshao shuāng xiézi?

   _______________________________ .

7. 矿泉水一瓶多少钱?
   Kuàngquán shuǐ yì píng duōshao qián?

   _______________________________ .

8. 汉语发音怎么样?
   Hànyǔ fāyīn zěnmeyàng?

   _______________________________ .

9. 这个瓶盖怎么开?
   Zhè ge pínggài zěnme kāi?

   _______________________________ .

10. 这是怎么弄的?
    Zhè shì zěnme nòng de?

    _______________________________ .

1. 베이징 호텔은 멉니까?

   ________________________________.

2. 당신은 상하이사람입니까?

   ________________________________.

3. 이것은 무엇입니까?

   ________________________________.

4. 당신은 어느 나라 사람입니까?

   ________________________________.

5. 지금 몇 시입니까?

   ________________________________.

6. 어제 당신은 어디에 갔었습니까?

   ________________________________.

7. 당신의 집에는 몇 식구가 있습니까?

   ________________________________.

8. 어때요? 의사가 어떻게 말했습니까?

   ________________________________.

9. 이 중국어 글자는 어떻게 읽습니까?

   ________________________________.

10. 중국어로 어떻게 말합니까?

    ________________________________.

第4课

昨天怎么没来上课? 어제는 왜 수업하러 오지 않았습니까?

의문문Ⅱ

「怎么搞的?」

「好吗?」

「行吗?」

「怎么样?」

「吧?」

「可以吗?」

「긍정＋부정?」

「긍정＋还是＋부정?」

「A＋还是＋B?」

「多大?」「多长?」「多高?」「多远?」

「多久?」「多快?」「多厚?」「多宽?」

「多深?」「多重?」

「명사＋呢?」

「多少?」와 「几?」의 용법비교

의문문 Ⅱ

8. 원인이나 이유를 묻는 의문형:

「怎么搞的? 어떻게 된 겁니까?」

这是怎么搞的?
Zhè shì zěnme gǎo de?
이것 어떻게 된 겁니까?

9. 의향을 묻고 허락을 구하며, 가능 여부를 알고자 하는 의문형:

「好吗? 좋습니까?」
「行吗? 됩니까?」
「怎么样? 어떻습니까?」
「可以吗? 됩니까?」

대답으로는 「好的 좋다」, 「行 된다」, 「可以 된다」, 「没问题 문제없다」, 「好吧 좋다, 그렇게 하자」가 있다.

A: 我们下午一起去打保龄球, 好吗?
　　Wǒmen xiàwǔ yìqǐ qù dǎ bǎolíngqiú, hǎo ma?
　　우리 오후에 함께 볼링을 치러 가는 것은 어때?
B: 好的。＝行。＝可以。＝没问题。＝好吧。

你的自行车借给我骑骑, 可以吗?
Nǐ de zìxíngchē jiè gěi wǒ qíqi, kěyǐ ma?
당신의 자전거를 내가 좀 빌려 타도 되겠습니까?

我想跟你换个座位, 行不行?
Wǒ xiǎng gēn nǐ huàn ge zuòwèi, xíng bu xíng?
너와 자리를 좀 바꾸고 싶은데, 괜찮겠니?

10. 추측 또는 확인을 하는 의문형: 「吧」

대답으로는 「是(的) 그렇다」, 「对 맞다」, 「没错 맞다」가 있다.

A: 这家商店的东西很贵, 对吧?

Zhè jiā shāngdiàn de dōngxi hěn guì, duì ba?

이 상점의 물건은 비쌉니다. 맞지요?

B: 是的。 = 对。 = 没错。

妳就是小张的妹妹, 是吧?

Nǐ jiùshì Xiǎo Zhāng de mèimei, shì ba?

당신이 바로 샤우장의 여동생이지요. 그렇지요?

昨天你来找过我吧?

Zuótiān nǐ lái zhǎoguo wǒ ba?

어제 당신이 나를 찾아왔었지요?

这本书不是你的吧?

Zhè běn shū bú shì nǐ de ba?

이 책은 당신 것이 아니지요?

三. 정반(正反)의문문 형식

「긍정 + 부정?」

这顶帽子是不是你的?

Zhè dǐng màozi shì bu shì nǐ de?

이 모자는 당신 것입니까?

你知不知道他的电话号码?

Nǐ zhī bu zhīdao tā de diànhuà hàomǎ?

당신은 그의 전화번호를 알고 있습니까?

你听到我说的话了没有?

Nǐ tīngdào wǒ shuō de huà le méiyǒu?

당신은 내가 한 말을 들었습니까?

四. 선택(選擇)의문문 형식

「긍정 + 还是 + 부정?」
「A + 还是 + B?」

你要到图书馆去, 还是回宿舍去?
Nǐ yào dào túshūguǎn qù, háishì huí sùshè qù?
당신은 도서관에 가고자 합니까, 아니면 기숙사로 돌아가고자 합니까?

五. 의문부사를 사용한 의문문

「多大?」크기를 물을 때
「多长?」길이를 물을 때
「多高?」높이를 물을 때
「多远?」거리 정도를 물을 때
「多久?」시간의 길이를 물을 때
「多快?」속도를 물을 때
「多厚?」두께를 물을 때
「多宽?」넓이를 물을 때
「多深?」깊이를 물을 때
「多重?」무게를 물을 때

这所学校历史有多久?
Zhè suǒ xuéxiào lìshǐ yǒu duōjiǔ?
이 학교의 역사는 얼마나 됩니까?

圆明园离故宫有多远?
Yuánmíngyuán lí Gùgōng yǒu duō yuǎn?
위엔밍위엔에서 꾸꽁까지 얼마나 됩니까?

这条河有多宽?
Zhè tiáo hé yǒu duō kuān?
이 강은 얼마나 넓습니까?

操场的面积有多大？
Cāochǎng de miànjī yǒu duō dà?
운동장의 면적은 얼마나 됩니까?

坐飞机需要多长时间？
Zuò fēijī xūyào duōcháng shíjiān?
비행기를 타면 시간이 얼마나 걸립니까?

六.「명사＋呢?」형 의문문

명사에 어기조사인 「呢」를 붙여 의문을 나타낼 수 있다. 「명사＋呢?」 형식의
의문문은 단축형으로 상황에 따라 여러 가지 의미를 내포하고 있다.

你去吗？　　　　　　　　　＝你呢？
Nǐ qù ma?　　　　　　　　　Nǐ ne?
당신은 갑니까?　　　　　　　당신은요?

书在哪儿？　　　　　　　　　＝书呢？
Shū zài nǎr?　　　　　　　　Shū ne?
책은 어디에 있습니까?　　　　책은요?

我去图书馆，你呢？　　　　　＝你去哪儿？
Wǒ qù túshūguǎn, nǐ ne?　　　Nǐ qù nǎr?
나는 도서관에 가는데, 당신은요?　당신은 어디에 갑니까?

我住在宿舍，你呢？　　　　　＝你住在哪儿？
Wǒ zhù zài sùshè, nǐ ne?　　　Nǐ zhù zài nǎr?
나는 기숙사에 사는데, 당신은요?　당신은 어디에 살고 있습니까?

七.「多少」와「几」의 용법비교

「多少」와「几」는 모두 수를 물을 때 쓰이는데, 용법상 차이가 있다. 「几」는 10
이하 정도의 적은 수량을 예상하여 물을 때 쓰이며, 뒤에 반드시 양사를 수반한
다. 「多少」는 수의 제한은 없으며 뒤에 양사가 있어도 되고 없어도 된다.

你家有几口人？
Nǐ jiā yǒu jǐ kǒu rén?
당신 집은 식구가 몇 명이 있습니까?

你们班上有多少学生？

Nǐmen bān shang yǒu duōshao xuésheng?

당신의 반에는 학생이 얼마나 있습니까?

1. 你朋友昨天为什么没来?
   Nǐ péngyou zuótiān wèishénme méi lái?

   당신의 친구는 어제 왜 오지 않았습니까?

2. 你怎么还不来?
   Nǐ zěnme hái bù lái?

   너는 왜 아직 오지 않니?

3. 这本小说我拿回去看, 可以吗?
   Zhè běn xiǎoshuō wǒ náhuíqu kàn, kěyǐ ma?

   이 소설은 내가 가져가서 봐도 되겠습니까?

4. 我要吃面包和牛奶, 你呢?
   Wǒ yào chī miànbāo hé niúnǎi, nǐ ne?

   나는 빵과 우유를 먹을래, 너는?

5. 你们都赞成吧?
   Nǐmen dōu zànchéng ba?

   당신들은 다 찬성하지요?

6. 我们的工作明天结束, 是不是?
   Wǒmen de gōngzuò míngtiān jiéshù, shì bu shì?

   우리의 일은 내일 끝납니다. 그렇지요?

7. 你同不同意我的意见?
   Nǐ tóng bu tóngyì wǒ de yìjian?

   당신은 내 의견에 동의합니까?

8. 你爷爷多大年纪了?
   Nǐ yéye duōdà niánjì le?

   당신의 할아버지는 연세가 어떻게 되십니까?

9. 你开出租汽车还是开公共汽车?
   Nǐ kāi chūzūqìchē háishì kāi gōnggòngqìchē?

   당신은 택시를 운전합니까? 아니면 버스를 운전합니까?

10. 这条路多长?
    Zhè tiáo lù duōcháng?

    이 길은 얼마나 깁니까?

1. 你为什么生气呢?
Nǐ wèishénme shēngqì ne?

_______________________________________ .

2. 昨天怎么没来上课?
Zuótiān zěnme méi lái shàngkè?

_______________________________________ .

3. 怎么样, 你也想去吗?
Zěnmeyàng, nǐ yě xiǎng qù ma?

_______________________________________ .

4. 那位就是王大夫吧?
Nà wèi jiùshì Wáng dàifu ba?

_______________________________________ .

5. 这些书是你的, 对不对?
Zhèxiē shū shì nǐ de, duì bu duì?

_______________________________________ .

6. 你有没有数码相机?
Nǐ yǒu mei yǒu shùmǎ xiàngjī?

_______________________________________ .

7. 你认不认识张老师?
Nǐ rèn bu rènshi Zhāng lǎoshī?

_______________________________________ .

8. 午饭吃了没有?
Wǔfàn chī le méiyǒu?

_______________________________________ .

9. 你是中文系的学生还是经济系的?
Nǐ shì Zhōngwén xì de xuésheng háishì Jīngjì xì de?

_______________________________________ .

10. 这棵树多高?
Zhè kē shù duōgāo?

_______________________________________ .

1. 당신은 왜 나에게 알려 주지 않았습니까?

   ___________________________________ .

2. 나는 도서관에 가려고 합니다. 당신은요?

   ___________________________________ .

3. 이 선생님은 집에 계십니까?

   ___________________________________ .

4. 그는 이미 갔어요. 그렇지요?

   ___________________________________ .

5. 당신은 2학년 학생입니까?

   ___________________________________ .

6. 오후에 바쁩니까?

   ___________________________________ .

7. 이런 텔레비전은 좋습니까?

   ___________________________________ .

8. 차표를 샀습니까?

   ___________________________________ .

9. 당신은 서울에 삽니까? 아니면 인천에 삽니까?

   ___________________________________ .

10. 이 수박은 무게가 어떻게 됩니까?

   ___________________________________ .

第5课

这件事谁都不知道。이 일은 아무도 모른다.

의문문 Ⅲ

의문사의 파생용법

「谁?」「什么?」「什么时候?」

「哪儿?」「怎么?」「怎(么)样?」

「多少?」「几?」

의문문 Ⅲ

八. 의문사의 파생용법

의문사는 의문을 나타내는 것 외에도 다른 파생적 의미를 나타낼 수 있다.
<谁 누구> <什么 무엇> <什么时候 언제> <多少 얼마> <怎(么)样 어떻게>
<怎么 왜> <哪儿 어디> <几 몇>

1. 확실하게 정해진 바 없는 불특정한 어떤 사람이나 일 또는 방식을 지칭한다.

   谁知道他们是干什么的。
   Shéi zhīdao tāmen shì gàn shénme de.
   그들이 무슨 일을 하는지 누가 알겠어.

   我们班只有十几个男同学。
   Wǒmen bān zhǐyǒu shí jǐ ge nán tóngxué.
   우리 반에 남학생은 열 몇 명밖에 없다.

2. 하나의 문장에서 두 개의 의문대사가 호응관계를 이룬다.

   你要多少, 我就给多少。
   Nǐ yào duōshao, wǒ jiù gěi duōshao.
   네가 하고 싶은 만큼 내가 주마.

   谁认识这个字, 谁就举手。
   Shéi rènshi zhè ge zì, shéi jiù jǔshǒu.
   이 글자를 아는 사람은 (그 사람이)손을 드세요.

   这家饭店真差, 要什么没什么。
   Zhè jiā fàndiàn zhēn chà, yào shénme méi shénme.
   이 호텔은 너무 나쁘다, 필요한 것은 다 없다.

3. 임의의 어떤 사람이나 사물 또는 방식을 나타내는 의문대명사

他人很瘦, 却什么病也没有。

Tā rén hěn shòu, què shénme bìng yě méiyǒu.

그는 사람은 말랐는데 그러나 아무 병도 없다.

足球呢, 比什么都喜欢。

Zúqiú ne, bǐ shénme dōu xǐhuan.

나는 축구를 무엇보다 좋아한다.

红的, 黄的, 要哪一个都行。

Hóng de, huáng de, yào nǎ yi ge dōu xíng.

빨간 것, 노란 것, 어떤 것을 가져도 다 된다.

1. 我们找个地方吃点儿什么吧。
   Wǒmen zhǎo ge dìfang chī diǎnr shénme ba.

   우리 어디 가서 뭔가를 좀 먹자.

2. 好像在哪儿见过她。
   Hǎoxiàng zài nǎr jiànguo tā.

   어디서 그녀를 본 적 있는 것 같다.

3. 那件事跟我有什么关系呀!
   Nà jiàn shì gēn wǒ yǒu shénme guānxi ya!

   그 일은 나와 무슨 관계가 있습니까!

4. 这部电影没什么好看的, 你怎么那么感兴趣?
   Zhè bù diànyǐng méi shénme hǎo kàn de, nǐ zěnme nàme gǎn xìngqù?

   이 영화는 별 재미가 없는데 당신은 어찌 그리 흥미 있어 합니까?

5. 谁都懂得这个道理。
   Shéi dōu dǒng de zhè ge dàoli.

   누구라도 이 이치를 알고 있다.

6. 你要什么, 爸爸就给你买什么。
   Nǐ yào shénme, bàba jiù gěi nǐ mǎi shénme.

   네가 무엇이 하고 싶으면 아버지는 바로 그것을 너에게 사 주마.

7. 哪一辆快, 就坐哪一辆吧。
   Nǎ yi liàng kuài, jiù zuò nǎ yi liàng ba.

   어느 차가 빠르면 어느 것을 타자.

8. 我什么都知道。
   Wǒ shénme dōu zhīdao.

   나는 무엇이든지 다 안다.

9. 外面刮风下雪, 我哪儿都不想去。
   Wàimian guāfēng xiàxuě, wǒ nǎr dōu bù xiǎng qù.

   밖에는 바람이 불고 눈이 내려서, 나는 아무데도 가고 싶지 않다.

10. 这件事谁都不知道。
    Zhè jiàn shì shéi dōu bù zhīdao.

    이 일은 아무도 모른다.

1. 这个单词怎么念都可以。
   Zhè ge dāncí zěnme niàn dōu kěyǐ.

   ________________________________ .

2. 我去过好几次。
   Wǒ qùguo hǎo jǐ cì.

   ________________________________ .

3. 你怎么想都没关系。
   Nǐ zěnme xiǎng dōu méiguānxi.

   ________________________________ .

4. 这种事谁都不能解决。
   Zhè zhǒng shì shéi dōu bù néng jiějué.

   ________________________________ .

5. 没剩多少。
   Méi shèng duōshao.

   ________________________________ .

6. 明天游览香山，谁想去谁去报名。
   Míngtiān yóulǎn Xiāngshān, shéi xiǎng qù shéi qù bàomíng.

   ________________________________ .

7. 你怎么说我就怎么做。
   Nǐ zěnme shuō wǒ jiù zěnme zuò.

   ________________________________ .

8. 什么时候方便，就什么时候来吧。
   Shénme shíhou fāngbiàn, jiù shénme shíhou lái ba.

   ________________________________ .

9. 箱子里能放几个就放几个。
   Xiāngzi li néng fàng jǐ ge jiù fàng jǐ ge.

   ________________________________ .

10. 这样的东西，哪里都有。
    Zhèyàng de dōngxi, nǎli dōu yǒu.

    ________________________________ .

1. 이 일을 누군가 나에게 알려 줬던 거 같다.

   ____ .

2. 요 며칠 날씨가 좋다.

   ____ .

3. 나는 아무리 해도 생각이 나지 않는다.

   ____ .

4. 방 안이 어찌 이렇게 어질러져 있습니까?

   ____ .

5. 나는 별일 없다.

   ____ .

6. 너는 몇 시에 가든지 다 괜찮다.

   ____ .

7. 먹고 싶은 만큼 먹어라.

   ____ .

8. 나는 배고프지 않아 아무것도 먹고 싶지 않다.

   ____ .

9. 너희들은 언제든지 나를 찾아와도 된다.

   ____ .

10. 나는 아무 데도 가 본 적이 없다.

   ____ .

第6课

明天我想见他一面。　내일 나는 그를 한번 만나고 싶다.

동사와 목적어 관계

「동사(A)＋목적어(B)」

동사중첩형식：「AB→AAB」

「동사＋了/着/过＋목적어」

「동사＋시량보어/동량보어＋목적어」

「A＋BA＋得＋정도보어」

「동사＋완료형＋명사」

「동사＋得/不＋着＋명사」

「동사＋起＋명사＋來」

「동사＋목적어(＝동사＋명사)」

동사와 목적어 관계

一. 이합동사의 문장 구조

　　「동사＋목적어(빈어)」

「동사＋목적어」 구조로 이루어진 동사를 离合动词(이합동사)라고 말한다. 예를 들어 「照相 사진을 찍다.」는 「照 찍다」와 「相 사진」으로 나눌 수 있는 구조로 동사와 목적어의 결합이다. 이런 이합동사는 이미 목적어를 포함하고 있어 따로 목적어를 가지지 않는다.

1. 동목구조(동빈구조)가 상황에 따라 분리될 수 있다.

　　＊「见(동사－보다)＋面 (명사－얼굴)」＝见面: 만나다. 얼굴을 보다.

双方见面，增进了彼此的了解。
Shuāngfāng jiànmiàn, zēngjìn le bǐcǐ de liǎojiě.
쌍방의 만남이, 서로 간의 이해를 증진시켰다.

我和他是在十分偶然的情况下见的面。
Wǒ hé tā shì zài shífēn ǒurán de qíngkuàng xià jiàn de miàn.
나와 그는 매우 우연한 상황에서 만났다.

　　＊「放(동사－방학하다)＋假 (명사－방학)」＝放假: 방학하다.

马上就要放暑假了，同学们都很兴奋。
Mǎshàng jiù yào fàng shǔjià le, tóngxuémen dōu hěn xìngfèn.
곧 여름방학을 하니 반 친구들은 모두 흥분되어 있다.

放假以后你打算干什么？
Fàngjià yǐhòu nǐ dǎsuàn gàn shénme?
방학한 후 너는 무엇을 할 예정이냐?

* 자주 사용되는 이합동사

「睡觉 잠자다.」　　　　「唱歌 노래하다.」　　　　「毕业 졸업하다.」

「游泳 수영하다.」　　　　「排队 줄 서다.」　　　　「谈话 대화하다.」

「生气 화내다.」　　　　「道歉 사과하다.」　　　　「散步 산보하다.」

「请假 휴가를 신청하다.」　　「让座 자리를 양보하다.」　　「让路 길을 비키다.」

「打架 싸우다.」　　　　「打仗 싸우다. 전쟁하다.」　　「结婚 결혼하다.」

「吵架 말다툼하다.」　　　「吃亏 손해보다.」　　　「聊天 잡담하다.」

「理发 이발하다.」　　　　「插嘴 말참견하다.」　　　「出气 화풀이하다.」

「问好 안부를 묻다.」　　　「吹牛 허풍떨다.」　　　「洗澡 목욕하다.」

「握手 악수를 하다.」　　　「操心 걱정하다.」　　　「请客 한턱내다.」

「抽烟 담배를 피우다.」　　「费劲 힘을 들이다.」　　「帮忙 일손을 돕다.」

「出事 일이 생기다.」　　　「存款 저축하다.」　　　「随便 마음대로 하다.」

「跳舞 춤추다.」　　　　「放假 방학하다.」　　　「辞职 사직하다.」

「担心 걱정하다.」　　　　「丢人 체면이 깎이다.」　　「开头 시작하다.」

「出院 퇴원하다.」　　　　「说话 말하다.」　　　　「吃惊 놀라다.」

「说谎 거짓말하다.」　　　「减肥 다이어트하다.」　　「开玩笑 농담하다.」

「发脾气 성질을 부리다.」　「发言 발언하다.」　　　「发烧 열이 나다.」

「丢脸 체면이 깎이다, 창피하다.」　　「受骗 속다, 기만당하다.」　「报仇 복수하다.」

2. 이합동사의 중첩 형식

「AB→AAB」

동사를 A로 표기하고 뒤에 오는 목적어를 B로 표기한다. 동사 부분만 AA형식
으로 중첩하여 동작의 시도와 시간의 짧음과 동작의 가벼움을 나타낸다.

「见见面 좀 만나다.」　　　「跳跳舞 춤을 좀 추다.」　　「散散步 산책을 좀 하자.」

「帮帮忙 좀 돕다.」　　　「聊聊天 이야기를 좀 나누다.」　「洗洗澡 목욕을 좀 하다.」

「谈谈话 대화를 하다.」

趁放假有时间，我们应该和父母多聊聊天。

Chèn fàngjià yǒu shíjiān, wǒmen yīnggāi hé fùmǔ duō liáoliao tiān.

방학에 시간이 있을 때 우리는 부모님과 많은 얘기를 해야 한다.

3. 동태조사「了」·「着」·「过」의 위치

「동사＋了/着/过＋목적어」

「了」·「着」·「过」는 동사 뒤에 목적어 앞에 위치한다.

我们谈了一个小时话。(○)
Wǒmen tán le yí ge xiǎoshí huà.

我们谈话了一个小时。(×)
우리는 한 시간 동안 이야기를 나누었다.

我们见过三次面。(○)
Wǒmen jiànguo sān cì miàn.

我们见面过三次。(×)
우리는 세 번 만난 적 있다.

他们正睡着觉呢。(○)
Tāmen zhèng shuìzhe jiào ne.

他们正睡觉着呢。(×)
그들은 마침 잠을 자고 있었다.

我跟她吃过一顿饭了。(○)
Wǒ gēn tā chīguo yí dùn fàn le.

我跟她吃饭过一顿了。(×)
나와 그녀는 밥 한 끼 먹은 적이 있다.

为了买票，我们排了半天队。(○)
Wèile mǎi piào, wǒmen páile bàntiān duì.

为了买票，我们半天排了队。(×)
표를 사기 위해 우리는 한참 동안 줄을 섰다.

4. 동목구조에서 목적어와 보어와의 관계
   1)「동사＋시량보어/동량보어＋목적어」
   시량보어와 동량보어는 보통 동목구조 사이에 둔다.

我在银行存了一笔钱。

Wǒ zài yínháng cún le yì bǐ qián.

나는 은행에 돈을 얼마 정도 저축했다.

2) 「A＋BA＋得＋정도보어」

정도보어와의 관계

排队排得太长了，恐怕买不到票。

Páiduì pái de tài cháng le, kǒngpà mǎi bu dào piào.

줄이 너무 길어서, 아마도 표를 사지 못할 것 같다.

3) 「동사＋완료형＋명사」

동사 뒤에 결과보어 「完」을 사용하는 유형

理完发再洗头。

Lǐ wán fa zài xǐtóu.

이발을 하고 나서 머리를 감는다.

4) 「동사＋得/不＋着＋명사」

동사 뒤에 가능보어 「着」을 사용하는 유형

我睡不着觉。

Wǒ shuì bu zháo jiào.

나는 잠이 안 든다.

5) 「동사＋起＋명사＋来」

동사의 목적어 뒤에 방향보어를 사용하는 유형

他们俩没说几句就吵起架来了。

Tāmenliǎ méi shuō jǐ jù jiù chǎo qǐ jià lai le.

그들 두 사람은 몇 마디도 못하고 바로 다투기 시작했다.

5. 이합동사의 목적어 사용법

이합동사의 명사부분이 목적어이기에 다른 목적어를 더 갖지 않는다. 목적어를 수반하지 않는 동사(이합동사 포함)의 목적어 사용법을 보자.

见你的面＝跟你见面（○）　　　见面你（×）

Jiàn nǐ de miàn. ＝ Gēn nǐ jiànmiàn.

나와 만나다.

从大学毕业＝大学毕业（○）　　　毕业大学（×）
Cóng dàxué bìyè.＝Dàxué bìyè.
대학을 졸업하다.

帮朋友忙（○）　　　帮忙朋友（×）
Bāng péngyou máng
친구를 돕다.

向你道歉（○）　　　道歉你（×）
xiàng nǐ dàoqiàn
너에게 사과를 하다.

我跟他谈话（○）　　　我谈他话（×）
Wǒ gēn tā tánhuà
나는 그와 이야기를 나누다.

我跟他说话（○）　　　我说话他（×）
Wǒ gēn tā shuōhuà
나는 그와 이야기를 하다.

生我的气（○）　　　生气我（×）
Shēng wǒ de qì
나로 인해 화가 났다.

跟她约会（○）　　　约会他（×）
gēn tā yuēhuì
그녀와 약속을 하다.

为老师送行（○）　　　送行老师（×）
Wèi lǎoshī sòngxíng
선생님을 전송하다.

为大众的利益着想（○）　　　着想大众的利益（×）
Wèi dàzhòng de lìyì zháoxiǎng
대중의 이익을 위해 생각하다.

从首尔出发（○）　　　出发首尔（×）
Cóng Shǒuěr chūfā
서울에서 출발하다.

对汉语感兴趣（○）　　　感兴趣汉语（×）
Duì Hànyǔ gǎn xìngqù
중국어에 흥미를 느끼다.

走了半个小时 （○）　　　　　　散步半个小时 （×）
Zǒu le bàn ge xiǎoshí
30분간 걸었다.

向她道别 （○）　　　　　　　道别她 （×）
Xiàng tā dàobié
그에게 고별인사를 하다.

跟他握手＝握他的手 （○）　　　握手他 （×）
Gēn tā wòshǒu＝wò tā de shǒu
그와 악수를 하다.

跟他结婚 （○）　　　　　　　结婚他 （×）
Gēn tā jiéhūn
그와 결혼을 하다.

到西安旅游 （○）　　　　　　旅游西安 （×）
Dào Xīān lǚyóu
서안으로 여행을 가다. (到＝去)

去庆州旅行 （○）　　　　　　旅行庆州 （×）
Qù Qìngzhōu lǚxíng
경주로 여행을 가다. (到＝去)

到上海观光 （○）　　　　　　观光上海 （×）
Dào Shànghǎi guānguāng
상하이로 관광을 가다. (到＝去)

二. 동사나 형용사를 목적어로 가지는 동사가 있다

일반적으로 동사 뒤에는 목적어가 오는데, 대부분의 동사는 명사나 대명사를 목적어로 가지지만, 일부 동사는 동사나 형용사, 또는 동사구나 형용사구를 목적어로 가진다.

1. 「동사＋목적어(＝동사＋명사)」
开始学汉语 （○）　　　　　　开始汉语 （×）
Kāishǐ xué Hànyǔ
중국어를 배우기 시작하다.

打算回我的家 （○）　　　　　　　打算我的家 （×）
Dǎsuàn huí wǒ de jiā
내 집으로 갈 예정이다.

2. 동사나 형용사를 목적어로 가질 수 있는 동사는 주로 심리동사이다.

<说 말하다.>　<听说 듣건대 ～>　<想 생각하다.>　<看 보다.>

<见 만나다.>　<听见 들었다.>　<练习 연습하다.>　<怕 두렵다.>

<明白 이해하다.>　<喜欢 좋아하다.>　<相信 믿다.>　<知道 알다.>

<表示 표시하다.>　<认为 ～라고 여기다.>　<以为 ～인 줄 알았다.>

<打算 ～할 예정이다.>　<记得 기억하다.>　<觉得 ～느끼다.>

<感觉 ～느끼다.>　<希望 바라다.>　<同意 동의하다.>

<反对 반대하다.>　<说明 설명하다.>　<建议 건의하다.>

<后悔 후회하다.>　<发现 발견하다.>　<决定 결정하다.>

<欣赏 좋아하다.>　<赞扬 찬양하다.>　<赞成 찬성하다.>

<原谅 용서하다.>　<注意 주의하다.>　<承认 인정하다. >

<嫌 싫어하다.>　<邀请 요청하다.>　<从事 종사하다.>

<主张 주장하다.>

朋友邀请我共度圣诞夜。
Péngyou yāoqǐng wǒ gòngdù shèngdànyè.
친구가 함께 성탄절을 보내자고 나를 초청했다.

我主张平等互利。
Wǒ zhǔzhāng píngděng hùlì.
나는 평등한 상호이익을 주장한다.

1. 我睡了七个小时觉。

    Wǒ shuì le qī ge xiǎoshí jiào.

    나는 7시간을 잤다.

2. 别站着，快点儿帮帮忙吧。

    Bié zhànzhe, kuài diǎnr bāngbang máng ba.

    서 있지 말고 빨리 도와주세요.

3. 我跟他见过三次面。

    Wǒ gēn tā jiànguo sān cì miàn.

    나는 그와 세 번 만난 적 있다.

4. 他年轻时抽烟抽得很厉害。

    Tā niánqīng shí chōuyān chōu de hěn lìhai.

    그는 젊었을 때 담배를 정말 심하게 피웠다.

5. 他跟老板吵过一次架。

    Tā gēn lǎobǎn chǎoguo yí cì jià.

    그는 사장과 한번 다툰 적 있다.

6. 你怎么知道我去过非洲呢?

    Nǐ zěnme zhīdao wǒ qùguo Fēizhōu ne?

    너는 내가 아프리카에 가 본 적 있다는 것을 어떻게 알았니?

7. 我反对实行这种规定。

    Wǒ fǎnduì shíxíng zhè zhǒng guīdìng.

    나는 이런 규정을 실시하는 것을 반대한다.

8. 我相信他不会骗我们的。

    Wǒ xiāngxìn tā bú huì piàn wǒmen de.

    나는 그가 우리를 속이지 않을 것이라고 믿는다.

9. 大家建议增加新的课程。

    Dàjiā jiànyì zēngjiā xīn de kèchéng.

    모두 새로운 교과과정 증설을 건의했다.

10. 我后悔没有跟爸爸说过"我爱你"这句话。

    Wǒ hòuhuǐ méiyǒu gēn bàba shuōguo "wǒ ài nǐ" zhè jù huà.

    나는 아버지께 "사랑합니다."라는 말을 한 적이 없어 후회한다.

1. 我们打个电话就行了，用不着见面。
   Wǒmen dǎ ge diànhuà jiù xíng le, yòng bu zháo jiànmiàn.

   ______________________________.

2. 我们跳了两个小时舞。
   Wǒmen tiào le liǎng ge xiǎoshí wǔ.

   ______________________________.

3. 结婚结得很晚，孩子现在才三岁。
   Jiéhūn jié de hěn wǎn, háizi xiànzài cái sān suì.

   ______________________________.

4. 吵架吵得很厉害。
   Chǎojià chǎo de hěn lìhai.

   ______________________________.

5. 他睡觉睡得很晚，早上起不来。
   Tā shuìjiào shuì de hěn wǎn, zǎoshang qǐ bu lái.

   ______________________________.

6. 我怕这个计划会失败，要事先做准备。
   Wǒ pà zhè ge jìhuà huì shībài, yào shìxiān zuò zhǔnbèi.

   ______________________________.

7. 我记得我们是坐同一班飞机来中国的。
   Wǒ jìde wǒmen shì zuò tóng yi bān fēijī lái Zhōngguó de.

   ______________________________.

8. 小王表示愿意到艰苦的地方去工作。
   Xiǎo Wáng biǎoshì yuànyì dào jiānkǔ de dìfang qù gōngzuò.

   ______________________________.

9. 老师们一致认为学生们进步很快。
   Lǎoshīmen yízhì rènwéi xuéshengmen jìnbù hěn kuài.

   ______________________________.

10. 我看你的要求太高了。
    Wǒ kàn nǐ de yāoqiú tài gāo le.

    ______________________________.

1. 내일 나는 그를 한번 만나려 한다.
   ____ .

2. 목욕 좀 하고, 끓인 물 좀 마시고, 하루 쉬면 곧 괜찮아질 것이다.
   ____ .

3. 그는 지난주에 병으로 3일 병가를 냈다.
   ____ .

4. 노래를 잘 부른다.
   ____ .

5. 그는 고향을 떠나 외국에 일하러 가기로 결정했다.
   ____ .

6. 나는 네가 이사 가는 것을 찬성하지 않는다.
   ____ .

7. 나는 내가 틀렸다는 것을 인정한다.
   ____ .

8. 나는 네가 내년에 다시 오기를 희망한다.
   ____ .

9. 의사는 내가 내일 퇴원하는 것을 동의했다.
   ____ .

10. 나는 그가 아주 영특한 줄 알았는데, 어리어리할 줄 생각 못했다.
   ____ .

第7课

苹果比橘子贵。　사과는 굴보다 비싸다.

비교문 Ⅰ

「A (비교대상) + 比 + B(비교대상) + 형용사」

「A + 比 + B + 부사어(还/更/还要/要)……+형용사」

「一 + A + 比 + 一 + A + 형용사」

「A + 比 + B + 형용사 + 수량사」

「A + 比 + B……得……」

「A + 比 + B + 동사 + 수량사」

「A + 比 + B + 早/晚/多/少/先/后/难/好 + 동사 + 수량사」

「A + 比 + B + 동사 + 得 + 형용사」

「A + 동사 + 得 + 比 + B + 형용사」

「A + 有 + B (这么/那么)……」

「A + 没有 + B (这么/那么)……」

「A + 跟 + B + 一样/相同」

「A + 跟 + B + 一样 + 형용사」

「A + 跟 + B + 不一样/不同」

「A + 동사 + 得 + 跟 + B + (不)一样」

「A + 跟 + B + 一(样) + 不一样?」

「A + 동사 + 得 + 跟 + B + 一(样) + 不一样?」

「A + 和 + B + 相似」

「A + 跟 + B + 差不多」

「A + 和 + B + 相比……」

비교문 I   사람 또는 사물의 비교 관계를 나타내는 문장을 「비교문」이라 하며, 비교문에는 「比」·「跟」·「有」·「像」·「不如」 등을 사용하여 비교를 나타낸다.

一. 「比」를 사용하는 비교문

1. 「A(비교대상) + 比 + B(비교대상) + 형용사」

"A는 B보다 ～하다."

哈尔滨比沈阳冷。
Hāěrbīn bǐ Shěnyáng lěng.
하얼빈은 선양보다 춥다.

他比以前健康多了。
Tā bǐ yǐqián jiànkāng duō le.
그는 이전보다 훨씬 건강해졌다.

2. 「A + 比 + B + 부사어(还/更/还要/要)…… + 형용사」

"A는 B보다 더 ～하다."

这本书的内容比那本还丰富。
Zhè běn shū de nèiróng bǐ nà běn hái fēngfù.
이 책의 내용은 저 책보다 더 풍부하다.

3. 「一 + A + 比 + 一 + A + 형용사」

"점점 ～되다."

济南一年比一年难得见到一场好雪。
Jǐnán yì nián bǐ yì nián nándé jiàndào yì chǎng hǎo xuě.
지난은 해가 거듭할수록 눈 보기가 쉽지 않다.

韩国队踢得一场比一场好。

Hánguó duì tī de yì chǎng bǐ yì chǎng hǎo.

한국 팀은 한 게임 한 게임 거듭할수록 더 잘 찬다.

4. 「A＋比＋B＋형용사＋수량사」

"A는 B보다 ～만큼 ～하다."

出租车比公共汽车快一点儿。

Chūzūchē bǐ gōnggòngqìchē kuài yìdiǎnr.

택시는 버스보다 조금 빠르다.

这座桥比那座长两米。

Zhè zuò qiáo bǐ nà zuò cháng liǎng mǐ.

이 다리는 저 다리에 비해서 2미터 길다.

5. 「A＋比＋B……得……」

"A는 B보다 훨씬(많이) ～하다."

这个班的学生比那个班多得多。

Zhè ge bān de xuésheng bǐ nà ge bān duō de duō.

이 반의 학생은 저 반보다 훨씬 많다.

现在的产量比以前少得多。

Xiànzài de chǎnliàng bǐ yǐqián shǎo de duō.

지금의 생산량은 이전보다 훨씬 적다.

6. 「A＋比＋B＋동사＋수량사」

"A는 B보다 ～만큼 ～되다."

现在的体重比原来减少了五公斤。

Xiànzài de tǐzhòng bǐ yuánlái jiǎnshǎo le wǔ gōngjīn.

현재 체중은 원래보다 5kg 감소했다.

这个月比上个月长了一公分。

Zhè ge yuè bǐ shàng ge yuè zhǎng le yì gōngfēn.

이번 달이 지난달보다 1센티 자랐다.

他说话比以前谦虚多了。

Tā shuōhuà bǐ yǐqián qiānxū duō le。

그는 이전보다 말을 많이 겸손하게 한다.

7. 「A＋比＋B＋早/晚/多/少/先/后/难/好＋동사＋수량사」

"A는 B보다 ～하다."

他每个月比我多拿五万韩币的奖学金。
Tā měi ge yuè bǐ wǒ duō ná wǔ wàn Hánbì de jiǎngxuéjīn.

그는 매달 나보다 5만 원(한화)의 장학금을 더 받는다.

8. 「A＋比＋B＋동사＋得＋형용사」

「A＋동사＋得＋比＋B＋형용사」

他讲故事比我讲得有趣。
Tā jiǎng gùshi bǐ wǒ jiǎng de yǒuqù.

그는 나보다 이야기를 재미있게 한다.

翻译得比我快。
Fānyì de bǐ wǒ kuài.

나보다 빠르게 번역을 한다.

9. 정도부사의 사용

사용 가능한 정도부사:

<还 더>　<更 더욱>　<都 모두>　<再 또>

사용 불가능한 정도부사:

<很 매우>　<太 매우>　<常 자주>　<十分 매우>　<有点儿 좀>

<最 가장>　<特别 매우>

比起那个城墙来，这座古桥更老。
Bǐqǐ nà ge chéngqiáng lai, zhè zuò gǔqiáo gèng lǎo.

저 성벽과 비교하면, 이 옛 다리가 더 오래 됐다.

* 잘못 사용된 경우를 보자:

北京比首尔还热。(○)
北京比首尔非常热。(×)
Běijīng bǐ Shǒuěr hái rè.

북경은 서울보다 더 덥다.

这栋楼比那栋新一点。（○）
这栋楼比那栋有点儿新。（×）

Zhè dòng lóu bǐ nà dòng xīn yìdiǎn.

이 건물은 저 건물보다 좀 더 새 것이다.

二. 「有」나 「沒有」를 사용하는 비교문

사람이나 사물이 서로 유사하다는 것을 나타낸다.

1. 「A＋有＋B (这么/那么)……」

"A는 B만큼 (그렇게) ~하다."

弟弟有哥哥那么高了。

Dìdi yǒu gēge nàme gāo le.

동생은 형만큼 키가 자랐다.

他有你那么高吗？

Tā yǒu nǐ nàme gāo ma?

그는 당신만큼 키가 큽니까?

我有你这么会说话，该有多好！

Wǒ yǒu nǐ zhème huì shuōhuà, gāi yǒu duō hǎo!

내가 너처럼 말을 잘할 줄 알면 얼마나 좋을까!

2. 「A＋没有＋B (这么/那么)……」

"A는 B만큼 (그렇게) ~하지 않다."

首尔没有北京那么冷。

Shǒuěr méiyǒu Běijīng nàme lěng.

서울은 베이징만큼 춥지 않다.

鸡蛋没有鸭蛋那么大。

Jīdàn méiyǒu yādàn nàme dà.

계란은 오리 알만큼 그렇게 크지 않다.

三. 「跟(和)……一样/相同/差不多」를 사용하는 비교문

사람이나 사물이 서로 같거나 다름을 나타낸다.

1. 긍정형

1) 「A + 跟 + B + 一样/相同」

"A는 B와 같다."

我的毛衣跟你的毛衣颜色一样。
Wǒ de máoyī gēn nǐ de máoyī yánsè yíyàng.
나의 스웨터와 너의 스웨터는 색깔이 같다.

你的意见跟我一样吗?
Nǐ de yìjian gēn wǒ yíyàng ma
당신의 의견은 나와 같습니까?

跟你一样，我也是我家的老大。
Gēn nǐ yíyàng, wǒ yě shì wǒ jiā de lǎodà.
너와 마찬가지로 나도 우리 집의 첫째다.

这种墨水的颜色跟那种相同。
Zhè zhǒng mòshuǐ de yánsè gēn nà zhǒng xiāngtóng.
이 먹물의 색깔은 저것과 같다.

2) 「A + 跟 + B + 一样 + 형용사」

"A는 B처럼 ~하다", "A는 B와 마찬가지로 ~하다."

这本书跟那本一样厚。
Zhè běn shū gēn nà běn yíyàng hòu.
이 책은 저책과 마찬가지로 두껍다.

读跟写一样重要。
Dú gēn xiě yíyàng zhòngyào.
읽고 쓰는 것은 똑같이 중요하다.

女儿长得跟她妈妈一样漂亮。
Nǚér zhǎng de gēn tā māma yíyàng piàoliang.
딸은 그녀의 엄마와 똑같이 예쁘게 생겼다.

2. 부정형

1) 「A + 跟 + B + 不一样/不同」

"A는 B와 다르다(같지 않다)."

我朋友的专业不跟我的一样。
Wǒ péngyou de zhuānyè bù gēn wǒ de yíyàng.
내 친구의 전공은 나와 같지 않다.

这个句子的意思跟那个不一样。
Zhè ge gōuzi de yìsi gēn nà ge bù yíyàng.
이 구절의 뜻은 저것과 다르다.

你弟弟跟你长的不一样。
Nǐ dìdi gēn nǐ zhǎng de bù yíyàng.
너의 동생과 너는 다르게 생겼다.

2) 「A＋동사＋得＋跟＋B＋(不)一样」

   "A는 ～하는 것이 B와 같다.(다르다)"

   今天画的画跟昨天一样好。
   Jīntiān huà de huà gēn zuótiān yíyàng hǎo.
   오늘 그린 그림은 어제와 마찬가지로 좋다.

3. 의문형

1) 「A＋跟＋B＋一(样)＋不一样?」

   "A는 B와 같습니까? 다릅니까?"

   这个牌子的质量跟那个一不一样?
   Zhè ge páizi de zhìliàng gēn nà ge yí bu yíyàng?
   이 브랜드의 품질은 저것과 같습니까?

2) 「A＋동사＋得＋跟＋B＋一(样)＋不一样?」

   "A는 ～하는 것이 B와 같습니까? 다릅니까?"

   你长得跟你爸爸一(样)不一样?
   Nǐ zhǎng de gēn nǐ bàba yí(yàng)bu yíyàng?
   너는 너의 아버지와 똑같이 생겼습니까?

   我画的跟老师画的一样不一样?
   Wǒ huà de gēn lǎoshī huà de yíyàng bù yíyàng?
   내가 그린 것과 선생님이 그린 것은 같습니까?

4. 유사함

1) 「A＋和＋B＋相似」

"A는 B와 유사하다."

现在亚洲的经济形势和五年前相似。
Xiànzài yàzhōu de jīngjì xíngshì hé wǔ nián qián xiāngsì.
현재 아시아의 경제 형세가 5년 전과 비슷하다.

2) 「A＋跟＋B＋差不多」

"A는 B와 비슷하다."

你提出的意见跟我们的差不多。
Nǐ tíchū de yìjian gēn wǒmen de chàbuduō.
네가 제시한 의견이 우리 것과 비슷하다.

5. 「A＋和＋B＋相比……」

"A는 B와 비교하여 ～하다."

现在冬天的平均气温和几十年前相比，高了不少。
Xiànzài dōngtiān de píngjūn qìwēn hé jǐ shí nián qián xiāngbǐ, gāo le bù shǎo.
현재 겨울의 평균기온은 몇십 년 전과 비교하여 적잖게 높아졌다.

跟以前相比，现在生活方便多了。
Gēn yǐqián xiāngbǐ, xiànzài shēnghuó fāngbiàn duō le.
이전과 비교하면, 지금은 생활이 많이 편리해졌다.

1. 这个房间比那个房间大。
   Zhè ge fángjiān bǐ nà ge fángjiān dà.

   이 방은 저 방보다 크다.

2. 火车站比汽车站还要远。
   Huǒchē zhàn bǐ qìchē zhàn hái yào yuǎn.

   기차역은 버스정거장보다 더 멀다.

3. 天气一天比一天暖和起来了。
   Tiānqì yìtiān bǐ yìtiān nuǎnhuo qǐlai le.

   날씨가 나날이 따듯해지기 시작한다.

4. 这些汉字比那些难一些。
   Zhè xiē hànzì bǐ nà xiē nán yi xiē.

   이 한자들은 저 한자보다 어느 정도 어렵다.

5. 这条街比那条街宽得多。
   Zhè tiáo jiē bǐ nà tiáo jiē kuān de duō.

   이 길은 저 길보다 훨씬 넓다.

6. 留学生比去年增加了五十人。
   Liúxuéshēng bǐ qùnián zēngjiā le wǔshí rén.

   유학생은 작년에 비해 오십 명이 증가했다.

7. 我比他早到了一刻钟。
   Wǒ bǐ tā zǎo dào le yíkè zhōng.

   나는 그보다 15분 일찍 도착했다.

8. 他有你这么会下棋吗?
   Tā yǒu nǐ zhème huì xiàqí ma?

   그는 당신만큼 장기를 잘 둡니까?

9. 这个女孩长的跟那些孩子不一样。
   Zhè ge nǚháir zhǎng de gēn nàxiē háizi bù yíyàng.

   이 여자아이와 저 아이들과는 다르게 생겼다.

10. 她没有我这么漂亮。
    Tā méiyǒu wǒ zhème piāoliang.

    그녀는 나만큼 예쁘지 않다.

1. 苹果比橘子贵。
   Píngguǒ bǐ júzi guì.

   _______________________ .

2. 他比你更会精打细算。
   Tā bǐ nǐ gèng huì jīngdǎ xìsuàn.

   _______________________ .

3. 他的考试成绩一次比一次好。
   Tā de kǎoshì chéngjì yí cì bǐ yí cì hǎo.

   _______________________ .

4. 今天的课比昨天延长了二十分钟。
   Jīntiān de kè bǐ zuótiān yáncháng le èrshí fēn zhōng.

   _______________________ .

5. 我比他少穿了一件衣服，当然冷。
   Wǒ bǐ tā shǎo chuān le yí jiàn yīfu, dāngrán lěng.

   _______________________ .

6. 小华起得比小青早。
   Xiǎo Huá qǐ de bǐ Xiǎo Qīng zǎo.

   _______________________ .

7. 他没有我喜欢古典音乐。
   Tā méiyǒu wǒ xǐhuan gǔdiǎn yīnyuè.

   _______________________ .

8. 我的看法跟他的不同。
   Wǒ de kànfǎ gēn tā de bù tóng.

   _______________________ .

9. 今年的冬天天气跟去年不一样。
   Jīnnián de dōngtiān tiānqì gēn qùnián bù yíyàng.

   _______________________ .

10. 他的爱好跟我的差不多。
    Tā de àihào gēn wǒ de chà bu duō.

   _______________________ .

1. 나는 너보다 바쁘다.

   ____________________________________ .

2. 달리는 것이 수영하는 것보다도 좋다.

   ____________________________________ .

3. 그는 나보다 키가 조금 크다.

   ____________________________________ .

4. 올해 여름은 작년보다 훨씬 덥다.

   ____________________________________ .

5. 나는 그 사람보다 일 년 늦게 왔다.

   ____________________________________ .

6. 나의 룸메이트는 나보다 늦게 잔다.

   ____________________________________ .

7. 그녀는 나보다 예쁘지 않다.

   ____________________________________ .

8. 그의 컴퓨터는 내 것은과 같다.

   ____________________________________ .

9. 그의 신발은 내 것과 크기가 같다.

   ____________________________________ .

10. 이 길은 저 길과 넓이가 같습니까?

   ____________________________________ .

第8课

他像他爸爸那么勇敢。 그는 그의 아버지처럼 용감하다.

비교문 Ⅱ

「A＋不如＋B」
「A＋不如＋B＋형용사」
「A＋像＋B＋(一样)＋기타성분」
「A＋好像＋B＋(似的)＋기타성분」
「A＋不像＋B＋(那么/這么)＋기타
　성분」
「再＋형용사＋不过了/沒有了」
「형용사＋得＋不能＋再＋형용사＋
　(的)了」
「沒有＋比＋这个＋再/更＋형용사

＋(的)了」
「再＋沒有(什么＋명사)＋比＋대상
＋更＋형용사＋(的)了」
「A＋比＋B＋형용사＋수량보어」
（구체적인 차이)

비교문 Ⅱ

四. 「不如」를 사용하는 비교문

1. 「A＋不如＋B」

   "A는 B만 못하다."

2. 「A＋不如＋B＋형용사」

   "A는 B보다 ～이 못하다."

   今年的校庆不如去年那么热闹。
   Jīnnián de xiàoqìng bùrú qùnián nàme rènào.
   올해 개교기념일은 작년만큼 그렇게 즐겁지 않다.

五. 「像」을 사용한 비교문

사람이나 사물이 서로 닮았다는 것을 나타낸다.

1. 「A＋像＋B＋(一样)＋기타성분」: "마치 ～같다."
   孩子像兔子一样跑来跑去。
   Háizi xiàng tùzi yíyàng pǎo lái pǎo qù.
   아이는 토끼같이 이리저리 뛰어다닌다.

2. 「A＋好像＋B＋(似的)＋기타성분」: "마치 ～처럼 ～."
   海边的风景好像一幅画儿似的，美丽极了。
   Hǎi biān de fēngjǐng hǎoxiàng yí fù huàr shì de, měilì jí le.
   해변의 경치는 꼭 한 폭의 그림처럼 매우 아름답다.

3. 「A＋(不)像＋B＋(那么/这么)＋기타성분」: "마치 ～처럼 ～."
   他不像他爸爸那么健康。
   Tā bú xiàng tā bàba nàme jiànkāng.
   그는 그의 아버지만큼 건강하지 않다.

六.「再」·「更」을 이용한 최상급 비교문

"~보다 더 ~한 것은 없다.", "~이 가장 ~하다." 뜻의 최상급 비교문이다.
▶"이것보다 더 좋은 것은 없다."의 여러 가지 표현.

1.「再＋형용사＋不过/没有＋了」

　　再好不过了。
　　　　Zài hǎo bú guò le.
　　再好没有了。
　　　　Zài hǎo méiyǒu le.

2.「형용사＋得＋不能＋再＋형용사＋(的)了」

　　好得不能再好了。
　　　　Hǎo de bù néng zài hǎo le.

3.「没有＋比＋这个＋再/更＋형용사＋(的)了」

　　没有比这个更(再)好的了。
　　　　Méiyǒu bǐ zhè ge gèng (zài)hǎo de le.

4.「再＋没有(什么＋명사)＋比＋대상＋更＋형용사＋(的)了」

　　再没有什么比这个更好的了。
　　　　Zài méiyǒu shénme bǐ zhè ge gèng hǎo de le.

七. 비교문에서 수량보어 용법

「A＋比＋B＋형용사＋수량보어(구체적인 차이)」

　　"A는 B보다 ~만큼 ~하다."
　　1. 크고 작음을 나타냄
　　2. 많고 적음을 나타냄
　　3. 높고 낮음을 나타냄
　　4. 무겁고 가벼움을 나타냄
　　5. 가격의 차이를 나타냄

▶ 수량보어:

「增强 강도가 늘다.」　　　「缩小 축소하다.」
「放大 확대하다.」　　　　「减低 낮게 떨어지다.」

这座楼比那座高三十米。
Zhè zuò lóu bǐ nà zuò gāo sānshí mǐ.
이 건물은 저것보다 30미터 높다.

弟弟比我矮十公分。
Dìdi bǐ wǒ ǎi shí gōngfēn.
동생은 나보다 10센티 적다.

妈妈的病这个月比上个月好一点儿了。
Māma de bìng zhè ge yuè bǐ shàng ge yuè hǎo yìdiǎnr le.
지난달보다 이번 달에 엄마의 병이 좀 좋아졌다.

这个箱子比那个还大，但那个比这个重三公斤。
Zhè ge xiāngzi bǐ nà ge hái dà, dàn nà ge bǐ zhè ge zhòng sān gōngjīn.
이 상자는 저 상자보다 더 크나 저것은 이것보다 3kg이 무겁다.

妈妈比我们晚睡一个多小时。
Māma bǐ wǒmen wǎn shuì yí ge duō xiǎoshí.
엄마는 우리보다 한 시간 이상 늦게 주무신다.

今年的大米产量比去年多一倍。
Jīnnián de dàmǐ chǎnliàng bǐ qùnián duō yí bèi.
금년 쌀 생산량은 작년에 비해 한 배가 더 많다.

她比我多买了两斤西红柿。
Tā bǐ wǒ duō mǎi le liǎng jīn xīhóngshì.
그녀는 나보다 토마토를 두 근 더 샀다.

1. 跑步不如健美操。

   Páobù bùrú jiànměicāo.

   달리기는 에어로빅만 못하다.

2. 批评不如鼓励的效果好。

   Pīpíng bùrú gǔlì de xiàoguǒ hǎo.

   비평(질책)은 격려만큼 효과가 좋은 것은 아니다.

3. 他像他爸爸那么勇敢。

   Tā xiàng tā bàba nàme yǒnggǎn.

   그는 그의 아버지처럼 용감하다.

4. 再漂亮不过了。

   Zài piāoliang bú guò le.

   더 이상 예쁠 수가 없다.(최상급)

5. 贵得不能再贵了。

   Guì de bù néng zài guì le.

   더 이상 비쌀 수가 없다.

6. 没有比这个再好吃的了。

   Méiyǒu bǐ zhè ge zài hǎo chī de le.

   이것보다 더 이상 맛있는 것은 없다.

7. 那座山比这座高五百米。

   Nà zuò shān bǐ zhè zuò gāo wǔ bǎi mǐ

   저 산은 이 산보다 500미터 높다.

8. 新型电视机比旧型贵三百块钱。

   Xīnxíng diànshìjī bǐ jiùxíng guì sānbǎi kuài qián.

   신형 텔레비전은 구형보다 300원 비싸다.

9. 比去年增加了20%。

   Bǐ qùnián zēngjiā le Bǎi fēn zhī èr shí.

   작년보다 20프로 증가했다.

10. 这两个城市的人口差五十万人。

    Zhè liǎng ge chéngshì de rénkǒu chà wǔshí wàn rén.

    이 두 도시의 인구는 50만 명이 차이 난다.

1. 这间屋子不如那间屋子宽敞。
   Zhè jiàn wūzi bùrú nà jiàn wūzi kuānchǎng.

   ___________________________________.

2. 这几天天气冷得像冬天一样。
   Zhè jǐ tiān tiānqì lěng de xiàng dōngtiān yíyàng.

   ___________________________________.

3. 他好像还不知道事情的严重性。
   Tā hǎoxiàng hái bù zhīdao shìqing de yánzhòng xìng.

   ___________________________________.

4. 再顽皮不过了。
   Zài wánpí bú guò le.

   ___________________________________.

5. 没有什么事比这件事更重要的了。
   Méiyǒu shénme shì bǐ zhè jiàn shì gèng zhòngyào de le.

   ___________________________________.

6. 这个班的学生比那个班多十个。
   Zhè ge bān de xuésheng bǐ nà ge bān duō shí ge.

   ___________________________________.

7. 我的体重比弟弟轻五公斤。
   Wǒ de tǐzhòng bǐ dìdi qīng wǔ gōngjīn.

   ___________________________________.

8. 温度比昨天降低了三度。
   Wēndù bǐ zuótiān jiàngdī le sān dù.

   ___________________________________.

9. 来台风以后，蔬菜的价钱比以前贵一点儿。
   Lái táifēng yǐhòu, shūcài de jiàqián bǐ yǐqián guì yìdiǎnr.

   ___________________________________.

10. 金先生比李小姐每天早上班三十分钟。
    Jīn xiānsheng bǐ Lǐ xiǎojiě měitiān zǎo shàngbān sānshí fēn zhōng.

    ___________________________________.

1. 상하이 팀의 실력은 따렌 팀만 못하다.

2. 이 짐은 저 짐만큼 무겁지 않다.

3. 당신은 (생긴 것이)당신의 형과 닮았습니까?

4. 더 이상 더러울 수 없다.

5. 언니는 나보다 5세가 많다.

6. 오빠는 나보다 키가 10센티 크다.

7. 이 수박은 저것보다 한 근이 무겁다.

8. 중한사전은 한중사전보다 50여 쪽이 많다.

9. 이 병원의 환자는 감소했다.

10. 교육 수준이 이전보다 높아졌다.

第9课

我朋友来得很早。　내 친구는 일찍 왔다.

정도보어

「주어＋동사/형용사＋得＋보어」
「주어＋동사＋목적어＋동사＋得＋보어」
「주어＋동사＋得＋不＋보어」
「주어＋동사＋得＋보어＋吗?」
「주어＋동사＋得＋보어＋不＋보어?」
「주어＋동사＋得＋怎么样?」

정도보어　　동작이나 행위가 행해지는 정도나 상황에 대해 더 상세하게 설명 보충하는 그 보충어를 정도보어라고 한다. 술어(동사, 형용사) 뒤에 조사 「得」을 동반하고 그 뒤에 보어를 쓰면 된다.

一. 긍정문 형식

1. 「주어＋동사/형용사＋得＋보어」
2. 「주어＋동사＋목적어＋동사＋得＋보어」

二. 부정문 형식

「주어＋동사＋得＋不＋보어」

三. 의문문 형식

1. 「주어＋동사＋得＋보어＋吗?」
2. 「주어＋동사＋得＋보어＋不＋보어?」
3. 「주어＋동사＋得＋怎么样?」

四. 정도를 나타내는 보어의 종류

　　1. 형용사 및 형용사구가 보어가 된다.
　　2. 주술구 및 보충구가 보어가 된다.

【고정용법】

「饿得慌 (배가) 매우 고프다.」　　　　「快得多 훨씬 빠르다.」
è de huāng　　　　　　　　　　　　kuài de duō

「忙得要命 매우 바쁘다.」　　　　　　　「脏得不得了 매우 더럽다.」
máng de yào mìng　　　　　　　　　　zāng de bù de liǎo
「高兴得了不得 대단히 기쁘다.」　　　　「累得很 매우 힘이 들다.」
gāoxìng de liǎo bu de　　　　　　　　lèi de hěn
「热死了 더워죽겠다.」　　　　　　　　「忙得很 매우 바쁘다.」
rè sǐ le　　　　　　　　　　　　　　　máng de hěn
「脏得不能再脏 더 이상 더러울 수 없다.」　「难看死了 보기가 매우 안 좋다.」
zāng de bù néng zài zāng　　　　　　　nánkàn sǐ le

五. 정도보어와 부사어의 용법비교

정도보어는 동작의 상태를 강조하고, 부사어는 진행상황을 강조한다.

【정도보어】　　　　　　　　　　　　【부사어】
「跑得快 빨리 뛰다.」　　　　　　　　「快跑 빨리 뛰다.」
pǎo de kuài　　　　　　　　　　　　kuài pǎo
「吃得很慢 느리게 먹는다.」　　　　　「慢慢吃 천천히 드세요.」
chī de hěn màn　　　　　　　　　　mànman chī
「走得很慢 느리게 걷는다.」　　　　　「慢慢走 천천히 가다.」
zǒu de hěn màn　　　　　　　　　　mànman zǒu
「起得早 일찍 일어나다.」　　　　　　「早起 일찍 일어나다.」
qǐ de zǎo　　　　　　　　　　　　　zǎo qǐ
「忙得很 매우 바쁘다.」　　　　　　　「很忙 바쁘다.」
máng de hěn　　　　　　　　　　　　hěn máng

六. 표현의 차이점

1. 상태와 정도의 표현

他在黑板上写了一个字, 字写得很大。
Tā zài hēibǎn shang xiě le yí ge zì, zì xiě de hěn dà.
그는 칠판에 글자 하나를 썼는데 글자를 크게 썼다.

2. 불만에서 요구를 나타낸다.

黑板上的字写得太小，看不清，写大一点儿。

Hēibǎn shang de zì xiě de tài xiǎo, kàn bu qīng, xiě dà yìdiǎnr.

칠판에 글씨를 너무 작게 써서 정확히 알아볼 수 없으니 좀 크게 써 주세요.

字写得小了一点儿，再写大一点儿吧。

Zì xiě de xiǎo le yìdiǎnr, zài xiě dà yìdiǎnr ba.

글을 좀 작게 썼으니 다시 좀 크게 쓰세요.

3. 불만을 나타낸다.

黑板上的字有点儿小，我看不清。

Hēibǎn shang de zì yǒu diǎnr xiǎo, wǒ kàn bu qīng.

칠판의 글자가 좀 작아서 나는 정확히 볼 수 없다.

4. 정도의 변화를 나타낸다.

刚才写得太小了，可现在又写得大了一点儿。

Gāngcái xiě de tài xiǎo le, kě xiànzài yòu xiě de dà le yìdiǎnr.

방금은 너무 작게 썼는데, 지금은 또 좀 크게 썼다.

1. 我朋友来得很早。
   Wǒ péngyou lái de hěn zǎo.

   내 친구는 일찍 왔다.

2. 她感动得流下了眼泪。
   Tā gǎndòng de liú xià le yǎnlèi.

   그녀는 감동하여 눈물을 흘렸다.

3. 他解释得很详细。
   Tā jiěshì de hěn xiángxì.

   그는 아주 자세히 설명했다.

4. 他打乒乓球打得像选手一样。
   Tā dǎ pīngpāngqiú dǎ de xiàng xuǎnshǒu yíyàng.

   그는 탁구를 선수처럼 잘 친다.

5. 排球打得不好，可篮球打得不错。
   Páiqiú dǎ de bù hǎo, kě lánqiú dǎ de bú cuò.

   배구는 잘 못 하지만, 농구는 괜찮게 한다.

6. 他跑得快吗？
   Tā pǎo de kuài ma?

   그는 빠르게 달립니까?

7. 这一道题回答得正不正确？
   Zhè yi dào tí huídá de zhèng bu hèngquè.

   이 문제를 정확하게 대답을 했습니까?

8. 他睡得早，起得晚。
   Tā shuì de zǎo, qǐ de wǎn.

   그는 일찍 자고 늦게 일어난다.

9. 他紧张得说不出话来。
   Tā jǐnzhāng de shuō bu chū huà lai.

   그는 긴장하여 말을 할 수 없다.

10. 打扫了一个下午，现在干净多了。
    Dǎsǎo le yí ge xiàwǔ, xiànzài gānjìng duō le.

    오후 나절을 청소하여, 지금 많이 깨끗해졌다.

1. 她家的庭园布置得很幽雅。
   Tā jiā de tíngyuán bùzhì de hěn yōuyǎ.

   ____

2. 他气得连饭都不想吃了。
   Tā qì de lián fàn dōu bù xiǎng chī le.

   ____

3. 他写汉字写得跟中国人一样快。
   Tā xiě Hànzì xiě de gēn Zhōngguórén yíyàng kuài.

   ____

4. 唱歌唱得太好了，请你再唱一首吧。
   Chànggē chàng de tài hǎo le, qǐng nǐ zài chàng yì shǒu ba.

   ____

5. 这一句翻译得不恰当。
   Zhè yi jù fānyì de bú qiàdàng.

   ____

6. 他弹钢琴弹得好吗?
   Tā tán gāngqín tán de hǎo ma?

   ____

7. 我跑得满身都是汗。
   Wǒ pǎo de mǎnshēn dōushì hàn.

   ____

8. 一天没吃饭，实在是饿死了。
   Yì tiān méi chīfàn, shízài shì è sǐ le.

   ____

9. 他的自行车又丢了，简直把他气坏了。
   Tā de zìxíngchē yòu diū le, jiǎnzhí bǎ tā qì huài le.

   ____

10. 他的汉语说得不错，字写得也挺正确的。
    Tā de hànyǔ shuō de bú cuò, zì xiě de yě tǐng zhèngquè de.

    ____

1. 이 일을 매우 이상적으로 처리했다.

   _______________________________ .

2. 그는 조금의 여유도 없을 정도로 바쁘다.

   _______________________________ .

3. 주말을 아주 즐겁게 보냈다.

   _______________________________ .

4. 그는 춤을 아주 잘 춘다.

   _______________________________ .

5. 말이 분명하지 않으니 큰 소리로 말해 주세요.

   _______________________________ .

6. 그는 중국어를 유창하게 구사합니까?

   _______________________________ .

7. 시험을 잘 봤습니까?

   _______________________________ .

8. 그는 말을 정말 빨리한다.

   _______________________________ .

9. 이 소식을 들은 후 아이들은 매우 기뻐했다.

   _______________________________ .

10. 그는 자동차 운전하는 것이 어떻습니까?

   _______________________________ .

第10课

想不出好办法来吗? **좋은 방법을 생각해 낼 수 없습니까?**

가능보어 I

「동사＋得＋결과보어」
「동사＋得＋방향보어」
「동사＋得＋了」
「동사＋不＋결과보어」

「동사＋不＋방향보어」
「동사＋不＋了」
「긍정형＋吗?」
「부정형＋吗?」
「긍정형＋부정형?」

가능보어 I　　가능보어는 동사 뒤에 수반하여 동작, 행위의 진행함에 있어서의 가능·불가능을 나타낸다. 긍정형은 술어 뒤에 「得＋보어」를 동반하여 "할 수 있다"의 뜻이 되며, 부정형은 「得」을 빼고 「不＋보어」를 써서 "할 수 없다"의 뜻을 나타낸다.

一. 긍정문 형식

1. 「동사＋得＋결과보어」
2. 「동사＋得＋방향보어」
3. 「동사＋得＋了」

二. 부정문 형식

1. 「동사＋不＋결과보어」
   他们各说各的理，怎么也说不通。

   Tāmen gè shuō gě de lǐ, zěnme yě shuō bu tōng.

   그들은 각자 자신의 이치만 말하니, 아무리 해도 말이 통하지 않는다.

2. 「동사＋不＋방향보어」
   这件事一定要自己拿主意，我可帮不上忙。

   Zhè jiàn shì yídìng yào zìjǐ ná zhǔyì, wǒ kě bāng bu shàng máng.

   이 일은 반드시 스스로 결정해야 한다. 나는 도와줄 수 없다.

3. 「동사＋不＋了」
   我成不了动物学家，因为我连小青蛙都害怕。

   Wǒ chéng bu liǎo dòngwù xuéjiā, yīnwèi wǒ lián xiǎo qīngwā dōu hàipà.

   나는 동물학자가 될 수 없다. 왜냐하면 나는 작은 개구리조차도 두려워하기 때문이다.

三. 의문문 형식

1. 「긍정형＋吗?」

　　分开这么久, 他们俩合得来吗?
　　Fēnkāi zhème jiǔ, tāmen liǎ hé de lái ma?
　　이렇게 오래 떨어져 있었는데, 그들은 마음이 맞습니까?

2. 「부정형＋吗?」

　　他有六十岁了, 真的看不出来吗?
　　Tā yǒu liùshí suì le, zhēnde kàn bu chūlai ma?
　　그는 60세가 되었는데, 정말 (그 나이로)알아채지 못하겠습니까?

3. 「긍정형＋부정형?」

　　四川麻辣火锅, 你们吃得来吃不来?
　　Sìchuān málà huǒguō, nǐmen chī de lái chī bu lái?
　　쓰촨의 매운 훠꺼 요리를 당신들은 먹을 수 있어요 없어요?

四. 주요 가능보어의 용법

1. 「下」: 사람이나 사물이 한 장소에 수용할 수 있는 공간이 됨을 나타낸다.

「坐得下 앉을 수 있다.」　　　　　　「容纳不下 수용할 수 없다.」

「放不下 놓을 수 없다.」　　　　　　「装得下 담을 수 있다.」

「搁不下 놔둘 수 없다.」

　　肚子再饱, 这一盘水饺我也吃得下。
　　Dùzi zài bǎo, zhè yi pán shuǐjiǎo wǒ yě chī de xià.
　　배가 아무리 불러도, 이 물만두를 나는 먹을 수 있다.

2. 「了」: 동작이 실현될 가능성이 있는지의 여부를 나타낸다. "다 끝내다",
　　"할 수 있다"의 의미로 쓰인다.

「完成得了 완성할 수 있다.」　　　　「看得了 다 볼 수 있다.」

「喝得了 다 마실 수 있다.」　　　　　「受得了 참을 수 있다.」

「开不了 열 수 없다.」　　　　　　　「吃不了 다 먹을 수 없다.」

「来不了 올 수 없다.」　　　　　　「忘不了 잊을 수 없다.」
「上不了 오를 수 없다.」　　　　　　「算不了 계산할 수 없다.」
「去不了 갈 수 없다.」　　　　　　「改不了 고칠 수 없다.」
「错不了 틀림이 없다.」　　　　　　「好不了 좋아질 수 없다.」

书包放在这儿没关系，丢不了。
Shūbāo fàng zài zhèr méi guānxi, diū bu liǎo.
책가방을 여기에 두어도 괜찮다. 잃어버리지 않는다.

汉语语法太难了，我掌握不了。
Hànyǔ yǔfǎ tài nán le, wǒ zhǎngwò bu liǎo.
중국어 어법은 너무 어려워서 나는 파악할 수 없다.

3. 「动」: 사람이나 사물의 위치를 이동시킬 수 있는지를 나타낸다.
「搬得动 옮길 수 있다.」　　　　　　「跑不动 뛸 수 없다.」
「吃不动 먹을 수 없다.」

电冰箱太重了，我一个人抬不动。
Diànbīngxiāng tài zhòng le, wǒ yí ge rén tái bu dòng.
냉장고는 너무 무거워서 나 혼자 들 수 없다.

这些书太沉了，我背不动。
Zhè xiē shū tài chén le, wǒ bēi bu dòng.
이 책들은 너무 무거워서 나는 짊어질 수 없다.

4. 「起」: 경제적 여건이나 능력 또는 자격 등이 있는지를 나타낸다.
「买得起 살 수 있다.」　　　　　　「穿不起 입을 수 없다.」
「吃不起 먹을 수 없다.」　　　　　　「称得起 ~ 이름으로 불릴 만하다.」

这么贵的房子我住不起。
Zhème guì de fángzi wǒ zhù bu qǐ.
이렇게 비싼 집을 나는 살 수 없다.(능력이 안 된다.)

他的脾气很坏，我可惹不起他。
Tā de píqì hěn huài, wǒ kě rě bu qǐ tā.
그의 성격은 나빠서 나는 그를 건드릴 수 없다.

5. 「着」: 동작의 목적을 달성할 수 있는지를 나타낸다.

「借得着 빌릴 수 있다.」　　　　「买得着 살 수 있다.」

「猜得着 맞출 수 있다.」　　　　「睡不着 잠이 들지 못한다.」

「找不着 찾을 수 없다.」　　　　「用不着 쓸 일이 없다.」

「吃不着 먹을 수 없다.」

要早一点儿去排队，才能买得着票。
Yào zǎo yìdiǎnr qù páiduì, cái néng mǎi de zháo piào.
좀 일찍 줄을 서야만 비로소 표를 살 수 있다.

1. 这篇文章不太难，谁都能看得懂。
   Zhè piān wénzhāng bú tài nán, shéi dōu néng kàn de dǒng.

   이 문장은 그다지 어렵지 않아서 누구나 다 알아볼 수 있다.

2. 他这种急躁的性格不是一两天的事，我受得了。
   Tā zhè zhǒng jízào de xìnggé bú shì yì liǎng tiān de shì, wǒ shòu de liǎo.

   그의 이런 조급한 성격은 하루 이틀 일이 아니어서, 나는 참을 수 있다.

3. 北京人说的北京土话我们听不太懂。
   Běijīngrén shuō de Běijīng tǔhuà wǒmen tīng bútài dǒng.

   베이징사람들이 말하는 본토박이 베이징 말을 우리는 그다지 잘 알아들을 수 없다.

4. 这几天天气又闷又热，真受不了。
   Zhè jǐ tiān tiānqì yòu mēn yòu rè, zhēn shòu bu liǎo.

   요 며칠 날씨가 후덥지근해서 정말 참을 수 없다.

5. 现在去，吃晚饭以前回得来吗？
   Xiànzài qù, chī wǎnfàn yǐqián huí de lái ma?

   지금 가서, 저녁 식사 전에 돌아올 수 있겠습니까?

6. 老师的话你们听得懂听不懂？
   Lǎoshī de huà nǐmen tīng de dǒng tīng bu dǒng?

   선생님의 말을 당신들은 알아들을 수 있어요 없어요?

7. 要带的衣服很多，箱子小，装不下。
   Yào dài de yīfu hěn duō, xiāngzi xiǎo, zhuāng bu xià.

   가지고 갈 옷은 많은데 상자가 작아 넣을 수 없다.

8. 两个人搬不动一架钢琴。
   Liǎng ge rén bān bu dòng yí jià gāngqín.

   두 사람이 피아노 한 대를 옮길 수 없다.

9. 世界名牌的皮包，妳买得起吗？
   Shìjiè míngpái de píbāo, nǐ mǎi de qǐ ma?

   세계명품가방을 당신은 살 능력이 됩니까?

10. 在车上丢的，一定找得着。
    Zài chē shang diū de, yídìng zhǎo de zháo.

    차에서 잃어버렸으니 반드시 찾을 수 있다.

1. 这座山不太高，我爬得上去。
Zhè zuò shān bú tài gāo, wǒ pá de shàngqu.

_______________________________________ .

2. 只是一瓶而已，我喝得了。
Zhǐshì yì píng éryǐ, wǒ hē de liǎo.

_______________________________________ .

3. 我只是懂一点儿，谈不上是专家。
Wǒ zhǐshì dǒng yìdiǎnr, tán bu shàng shì zhuānjiā.

_______________________________________ .

4. 错字太多了，一时改不了这么多。
Cuòzì tài duō le, yìshí gǎi bu liǎo zhème duō.

_______________________________________ .

5. 这个礼堂容纳不下三百人。
Zhè ge lǐtáng róngnà bu xià sānbǎi rén.

_______________________________________ .

6. 这个谜语你猜得着吗?
Zhè ge míyǔ nǐ cāi de zháo ma?

_______________________________________ .

7. 这场足球赛我们一定赢得了。
Zhè chǎng zúqiú sài wǒmen yídìng yíng de liǎo.

_______________________________________ .

8. 他改不了晚上吃零食的习惯。
Tā gǎi bu liǎo wǎnshang chī língshí de xíguàn.

_______________________________________ .

9. 已经跑了三圈，再也跑不动了。
Yǐjīng pǎo le sān quān, zài yě pǎo bu dòng le.

_______________________________________ .

10. 这件事情责任太重，我担不起。
Zhè jiàn shìqing zérèn tài zhòng, wǒ dān bu qǐ.

_______________________________________ .

1. 샤우왕을 만날 수 없다면, 너는 메모를 남겨라.

________________________ .

2. 다시 한 번 들으면, 누구 목소리인지 알아들을 수 있다.

________________________ .

3. 내용이 너무 재미없어서, 더 이상 봐 내려갈 수 없다.

________________________ .

4. 좋은 방법을 생각해 낼 수 없습니까?

________________________ .

5. 이 상자에 책 20권을 넣을 수 없다.

________________________ .

6. 우리 둘은 이렇게 많은 음식을 다 먹을 수 없다.

________________________ .

7. 그의 모습을 한평생 잊을 수 없다.

________________________ .

8. 그의 병은 아마도 나아질 수 없을 것이다.

________________________ .

9. 그는 걱정스러워 잠을 이루지 못한다.

________________________ .

10. 이 수박은 틀림없어. 보증하건대 달 것이다.

________________________ .

第11课

当天回得来吗?　당일 날 돌아올 수 있습니까?

가능보어Ⅱ

「能」과 「可以」의 용법비교
「不能＋동사＋결과보어」
「가능보어」와 「능원동사」 사용상의 차이점

가능보어 II

五. 복합방향보어를 가능보어로 사용하는 경우

「爬得上去 기어 올라갈 수 있다.」　　　「摘不下来 때어 낼 수 없다.」
「传不出去 외부로 전할 수 없다.」　　　「说不下去 말을 이을 수 없다.」
「搬不进来 옮겨 올 수 없다.」　　　　　「认得出来 알아차리다.」
「想不出来 생각이 나지 않는다.」　　　「做不出来 만들어 낼 수 없다.」
「走不出去 걸어 나갈 수 없다.」　　　　「改不过来 고칠 수 없다.」
「看不下去 봐지지 않는다.」　　　　　　「拿不起来 들어 올릴 수 없다.」
「回答不上来 대답을 할 수 없다.」
「忙不过来 감당할 수 없을 정도로 바쁘다.」

这个问题太难了，我回答不上来。
Zhè ge wèntí tài nán le, wǒ huídá bu shànglai.
이 문제는 너무 어려워서, 나는 대답을 할 수 없다.

虽然我们十年没见面，可我一眼就认得出他来。
Suīrán wǒmen shí nián méi jiànmiàn, kě wǒ yì yǎn jiù rèn de chū tā lai.
비록 우리는 10년 동안 만나지 못했지만, 나는 한눈에 그를 알아봤다.

六. 가능보어와 능원동사「能」과「可以」의 용법비교

가능보어는 객관적인 능력을 나타내는 점에서는 능원동사「能」이나「可以」의 용법과 같으나. 아래의 경우 그 용법상 차이가 있다.

1. **가능보어**를 사용한 부정문은 "능력이 없다", "조건이 안 된다"의 의미를 나타낸다.
   능원동사「不能＋동사＋결과보어」형식은 "허가하지 않음"의 의미를 강조한다.
2. **가능보어**는 허가나 허락의 의미를 나타낼 수 없다.
   능원동사「能」·「不能」·「可以」를 써서 허가와 허락 여부를 나타낸다.

3. 가능보어와 능원동사 부정형 사용상의 차이점

【가능보어】

능력이 없음

这些酒你喝不了。
Zhèxiē jiǔ nǐ hē bu liǎo.
이 술을 당신은 마실 수 없다.

意思懂，但是我说不出来。
Yìsi dǒng, dànshì wǒ shuō bu chūlai.
뜻은 이해하나, 나는 말해 내지 못하겠다.

조건이나 환경상 불가능함

门没开，我进不去。
Mén méi kāi, wǒ jìn bu qù.
문이 열려 있지 않아, 나는 들어갈 수 없다.

조건상 불가능함

没有钥匙，打不开。
Méiyǒu yàoshi, dá bu kāi.
열쇠가 없어서, 열 수가 없다.

【능원동사】

허가하지 않음

这些酒你不能喝。
Zhèxiē jiǔ nǐ bù néng hē.
이 술을 당신은 마시면 안 된다.

正在开会，你不能进去。
Zhèngzài kāihuì, nǐ bù néng jìnqù.
마침 회의 중이라, 너는 들어가면 안 된다.

即使有钥匙，也不能打开。
Jíshǐ yǒu yàoshi, yě bù néng dǎkāi.
설사 열쇠가 있더라도, 열면 안 된다.

这是我们的秘密，你千万不能说出来。
Zhè shì wǒmen de mìmi, nǐ qiānwàn bù néng shuōchūlai.
이것은 우리들의 비밀이니, 당신은 절대로 말하면 안 된다.

七. 가능보어의 다양한 의미표현과 상용하는 고정용법

1. 먹을 수 없다.
「吃不起」: 돈이 없거나, 먹을 자격이 안 되어서 먹을 수 없다.
「吃不到」: 돈은 있으나 먹을 것이 없어서 먹을 수 없다.
「吃不了」: 양이 많아서 다 먹을 수 없다.
「吃不上」: 가난하거나, 시간이 맞지 않아서 먹을 수 없다.
「吃不下」: 배가 불러서 더 이상 먹을 수 없다.
「吃不惯」: 습관이 안 되어서 먹을 수 없다.
「吃不得」: 음식이 나쁘거나, 몸에 해로워서 먹을 수 없다.
「吃不着」: 먹을 것이 없거나, 가까이 있지 않아서 먹을 수 없다.
「吃不来」: 입맛에 맞지 않아서 먹을 수 없다.
「吃不动」: 이가 아파서 먹을 수 없다.
「吃不出」: 무슨 맛인지 먹어서 알 수 없다.
「吃不饱」: 배불리 먹을 수 없다.
「吃不完」: 시간 여유가 없어 다 먹을 수 없다.
「吃不成」: 다 만들었는데 어떤 이유로 하여 먹지를 못했다.

快走吧，食堂里人多就吃不上饭了。
Kuài zǒu ba, shítáng li rén duō jiù chī bu shang fàn le.
빨리 가자, 식당 안에 사람이 많으면 밥을 먹을 수 없다.

面包发霉了，吃不得。
Miànbāo fāméi le, chī bu dé.
빵에 곰팡이가 펴서, 먹을 수 없다.

我吃不出哪一道菜放了大蒜。
Wǒ chī bu chū nǎ yi dào cài fàng le dàsuàn.
어느 음식에 마늘을 넣었는지 나는 먹어서 알 수 없다.

太忙了，做好的饭也吃不成了。
Tài máng le, zuòhǎo de fàn yě chī bu chéng le.
너무 바빠서 다 만든 밥도 먹을 수가 없다.

开了三天的夜车，他身体吃不消了。
Kāi le sān tiān de yèchē, tā shēntǐ chī bu xiāo le.
삼 일 밤을 새고 나니 그의 몸은 견뎌 낼 수가 없다.

2. 살 수 없다.

「买不起」: 돈이 없거나, 살 능력이 안 되어서 살 수 없다.

「买不到」: 돈은 있으나 물건이 없어서 살 수 없다.

「买不了」: 돈이 없거나 부족하여 살 수 없다.

「买不下」: 값이 맞지 않거나 마음에 들지 않아 살 수 없다.

「买不着」: 돈은 있으나 물건이 없어서 살 수 없다.

「买不上」: 살 사람이 많아서, 제 시간에 맞추지 못하여, 물건 파는 곳까지 갈
　　　　　 수 없어서 살 수 없다.

▶ **고정용법**(자주 사용되는 동사보어구는 사전에 단어로 수록되어 있는 것도 있다.)

「对得起 면목이 서다.」　　　　　　「对不起 면목이 없다. 미안하다.」

「经得起 견딜 수 있다.」　　　　　　「合得来 사이가 좋다.」

「划不来 수지가 안 맞다.」　　　　　「靠得住 믿을 수 있다.」

「看得起 존경하다. 대우해 주다.」　　「看不起 경시하다. 깔보다.」

「吃不消 견딜 수 없다.」　　　　　　「受不了 참을 수 없다.」

「来得及 안 늦다.」　　　　　　　　「来不及 늦다. 제시간에 대지 못하다.」

「舍得 아까워하지 않다.」　　　　　「舍不得 미련이 남다. 아까워하다.」

「免不了 면할 수 없다.」　　　　　　「比不上 비교할 수 없다.」

「说不定 아마 ~일지도 모른다.」　　「说不上 ~라고 말할 정도는 아니다.」

「分不开 분리할 수 없다.」　　　　　「学不会 배워 터득할 수 없다.」

「赶不上 제시간에 갈 수 없다.」　　　「看得见 볼 수 있다.」

「听得懂 알아듣다.」　　　　　　　　「谈得来 이야기가 통한다.」

「学不完 다 배울 수 없다.」　　「考得上 합격할 수 있다.」

「合得来 화합이 되다.」　　「活不成 살 수 없다.」

「找不到 찾을 수 없다.　　「回得来 돌아올 수 있다.」

「离不开 헤어질 수 없다.」　　「住不惯 사는 것에 적응하지 못한다.」

「记不住 기억할 수 없다.」　　「出不来 나올 수 없다.」

「进不去 들어갈 수 없다.」　　「达不到 달성할 수 없다.」

「睡不好 잠을 잘 자지 못한다.」　　「抽不出 뽑아낼 수 없다.」

最近太忙, 抽不出时间去看你。

Zuìjìn tài máng, chōu bu chū shíjiān qù kàn nǐ.

최근에 너무 바빠 너를 보러 갈 시간을 낼 수 없다.

小柳这个人靠不住。

Xiǎo Liǔ zhè ge rén kào bu zhù.

샤우료우 이 사람은 믿을 수가 없다.

1. 来中国已经半年了，还住不惯潮湿的地方。
   Lái Zhōngguó yǐjīng bàn nián le, hái zhù bu guàn cháoshī de dìfang.

   중국에 온 지 이미 6개월이 되었는데도 아직 습한 곳에 사는 것에 적응이 되지 않는다.

2. 门太狭窄了，进不去也出不来。
   Mén tài xiázhǎi le, jìn bu qù yě chū bu lái.

   문이 너무 좁아 들어갈 수도 없고, 나올 수도 없다.

3. 当天回得来吗?
   Dàngtiān huí de lái ma?

   당일 날 돌아올 수 있습니까?

4. 那张画儿摘不下来了。
   Nà zhāng huàr zhāi bu xiàlai le.

   저 그림은 떼어 내지 못하게 되었다.

5. 电影的内容太无聊，实在看不下去了。
   Diànyǐng de nèiróng tài wúiáo, shízài kàn bu xiàqu le.

   영화내용이 너무 지루해서 정말로 봐 내려갈 수 없다.

6. 这件事必须找一个靠得住的人去办。
   Zhè jiàn shì bìxū zhǎo yí ge kào de zhù de rén qù bàn.

   이 일은 반드시 신뢰할 만한 사람 하나를 찾아 처리하게 해야 한다.

7. 他戒了一个月的烟，但是今天终于忍不住又抽了。
   Tā jiè le yí ge yuè de yān, dànshì jīntiān zhōngyú rěn bu zhù yòu chōu le.

   그는 한 달 동안 담배를 끊었다. 그러나 오늘 끝내 참지 못하고 다시 피웠다.

8. 早点儿放弃吧, 你怎么也比不上他。
   Zǎo diǎnr fàngqì ba, nǐ zěnme yě bǐ bu shàng tā.

   일찌감치 포기해라. 너는 아무리해도 그와 견줄 수 없다.

9. 在韩国吃不到地道的中国菜。
   Zài Hánguó chī bu dào dìdào de Zhōngguó cài.

   한국에서는 정통 중국음식을 먹을 수 없다.

10. 生鱼片有腥味儿，我吃不惯。
    Shēngyúpiān yǒu xīngwèir, wǒ chī bu guàn.

    생선회는 비린내가 나서 내 입에 맞지 않다.

1. 我已经提醒你好几遍了，怎么还记不住?
   Wǒ yǐjīng tíxǐng nǐ hǎo jǐ biàn le, zěnme hái jì bu zhù?

   ____

2. 我方达不到你方要求的标准。
   Wǒfāng dá bu dào nǐ fāng yāoqiú de biāozhǔn.

   ____

3. 钥匙忘带了，进不去了。
   Yàoshi wàng dài le, jìn bu qù le.

   ____

4. 他说到一半儿就哭了，再也说不下去了。
   Tā shuō dào yíbànr jiù kū le, zài yě shuō bu xiàqu le.

   ____

5. 说惯了，怎么也改不过来。
   Shuō guàn le, zěnme yě gǎi bu guòlai.

   ____

6. 还有一个小时飞机就要起飞了，再不出发就来不及了。
   Hái yǒu yí ge xiǎoshí fēijī jiùyào qǐfēi le, zài bù chūfā jiù lái bu jí le.

   ____

7. 满汉大餐太贵了，一般人是吃不起的。
   Mǎnhàn dàcān tài guì le, yìbānrén shì chī bu qǐ de.

   ____

8. 不是这个地方，就吃不着这么新鲜的海味儿。
   Bú shì zhè ge dìfang, jiù chī bu zháo zhème xīnxiān de hǎi wèir.

   ____

9. 四川火锅太辣了，我可吃不来。
   Sìchuān huǒguō tài là le, wǒ kě chī bu lái.

   ____

10. 牙疼，吃不动这么硬的东西。
    Yá téng, chī bu dòng zhème yìng de dōngxi.

    ____

1. 몇 번을 들어도 여전히 할 줄 모른다.
_______________________________ .

2. 나는 너를 떠날 수 없어. 마치 고기가 물을 떠날 수 없는 것처럼.
_______________________________ .

3. 주위가 너무 시끄러워 잘 잘 수가 없다.
_______________________________ .

4. 선생님의 말씀이 너무 빨라 나는 받아 적을 수 없다.
_______________________________ .

5. 그는 오만해서, 늘 다른 사람을 무시한다.
_______________________________ .

6. 내일이면 바로 시험인데 지금 와서 복습한다고 시간이 되겠습니까?
_______________________________ .

7. 다 보지 못하겠으니, 남은 것은 내일 다시 보자.
_______________________________ .

8. 이미 배불리 먹어서, 아무리 맛있는 음식이라도 못 먹겠다.
_______________________________ .

9. 나는 밥을 배불리 먹지 않으면 걸을 수가 없다.
_______________________________ .

10. 만두를 그만 싸세요. 다 먹지 못합니다.
_______________________________ .

第12课

他考上大学了。　그는 대학에 합격했다.

결과보어Ⅰ

「주어＋동사＋결과보어(동사/형용사)＋(목적어)」

「주어＋동사＋결과보어＋了＋(목적어)」

「주어＋没有＋동사＋결과보어＋(목적어)」

「주어＋不＋동사＋결과보어＋(목적어)」

「주어＋동사＋결과보어＋목적어＋了＋吗?」

「주어＋동사＋결과보어＋목적어＋没有?」

「주어＋동사＋没(有)＋동사＋결과보어＋목적어?」

결과 보어로 사용되는 동사

「成」「到」「上」「见」「完」「会」「懂」「着」「住」「开」「走」「给」

「满」「倒」「掉」「丢」「动」「惯」「死」「透」「中」「下」

결과보어 I 결과보어는 동사술어 바로 뒤에 붙여 이미 완료된 동작, 행위의 구체적이거나 진행된 결과를 나타내는 보충어이며, 결과보어로는 주로 동사나 형용사가 쓰인다.

一. 긍정문 형식

1. 「주어 + 동사 + 결과보어(동사/형용사) + (목적어)」
   我以前常写错这个字，现在没问题了。
   Wǒ yǐqián cháng xiěcuò zhè ge zì, xiànzài méi wèntí le.
   나는 이전에 이 글을 늘 틀리게 잘 썼는데 지금은 문제가 없다.

   他挣开眼睛望了望四周。
   Tā zhēngkāi yǎnjing wàng le wàng sìzhōu.
   그는 눈을 뜨고 사방을 둘러보았다.

2. 「주어 + 동사 + 결과보어 + 了 + (목적어)」
   鸡蛋被弟弟打破了。
   Jīdàn bèi dìdi dǎpò le.
   계란은 동생이 깨뜨렸다.

二. 부정문 형식

결과보어의 부정형은 「没有」를 사용하여 그 결과를 이루지 못했음을 나타낸다. 「不」을 쓰면 가정의 의미를 나타내게 된다.

1. 「주어 + 没有 + 동사 + 결과보어 + (목적어)」
   我们还没学到高级商务汉语。
   Wǒmen hái méi xuédào gāojí shāngwù Hànyǔ.
   우리는 아직 고급 무역중국어까지는 배우지 못했다.

2. 「주어＋不＋동사＋결과보어＋(목적어)」(가정형)

如果现在不吃饱，晚上回宿舍会饿的。

Rúguǒ xiànzài bù chībǎo, wǎnshang huí sùshè huì è de.

만약 지금 배불리 먹지 않으면 저녁에 기숙사로 돌아가면 배가 고플 것이다.

三. 의문문 형식

1. 「주어＋동사＋결과보어＋목적어＋了＋吗?」

电话打通了吗?

Diànhuà dǎtōng le ma?

전화 연결이 되었습니까?

2. 「주어＋동사＋결과보어＋목적어＋没有?」

要借的小说借到了没有?

Yào jiè de xiǎoshuō jièdào le méiyǒu?

빌리고자 하는 소설은 빌렸습니까?

3. 「주어＋동사＋没(有)＋동사＋결과보어＋목적어?」

写没写完调查报告?

Xiě mei xiěwán diàochá bàogào?

조사보고서를 다 썼습니까?

四. 결과 보어로 사용되는 동사

1. 「成」

<翻译成 ～로 번역이 되다.>　<变成 ～로 변하다.>　<当成 ～로 삼다.>

<拍成 ～로 촬영하다.>　<培养成 ～로 양성하다.>　<换成 ～로 바꾸다.>

<说成 ～로 말하다.>　<改成 ～로 바꾸다.>　<写成 ～로 쓰다.>

1) "～으로 여기다", "～으로 삼다"

我把他当成我最好的朋友看待。

Wǒ bǎ tā dāngchéng wǒ zuì hǎo de péngyou kàndài.

나는 그를 가장 좋은 친구로 여기다.

2) 완성하다. 목적을 이루다.

我本来打算去北京旅游, 结果没去成。
Wǒ běnlái dǎsuàn qù Běijīng lǚyóu, jiéguǒ méi qùchéng.
나는 원래 베이징으로 여행 갈 예정이었으나 결국은 가지 못했다.

人虽然不多, 但是会议还是开成了。
Rén suīrán bù duō, dànshì huìyì háishì kāichéng le.
사람은 비록 많지 않지만 그러나 회의는 개최되었다.

2. 「到」

<看到 보다.> <买到 사다.> <收到 받다.> <走到 ~까지 걷다.>
<做到 ~까지 일을 하다.> <找到 찾다.> <送到 ~까지 보내주다.>
<碰到 부딪치다.> <学到 ~까지 배우다.> <感觉到 느끼다.>
<接到 받다.> <闻到 냄새를 맡다.>

1) 결과나 목적에 도달하다.

三天前丢的钱包好不容易才找到了。
Sān tiān qián diū de qiánbāo hǎo bu róngyì cái zhǎodào le.
3일 전에 잃어버린 지갑을 겨우 찾았다.

小英一进门就闻到一股香味。
Xiǎo Yīng yí jìn mén jiù wéndào yì gǔ xiāngwèi.
샤우잉은 문에 들어서자마자 향기로운 냄새를 맡았다.

明天就可以见到多年没见的老朋友了。
Míngtiān jiù kěyǐ jiàndào duō nián méi jiàn de lǎo péngyou le.
내일이면 바로 여러 해 동안 만나지 못한 옛 친구를 만나게 된다.

2) 어떤 장소에 도달하다. 어떤 시점까지 계속하다.

他这个人说到做到。
Tā zhè ge rén shuōdào zuòdào.
그 사람은 말한 것은 반드시 실행에 옮긴다.

现在我们已经学到第二十八课了。
Xiànzài wǒmen yǐjīng xuédào dì èrshí bā kè le.
지금 우리들은 이미 28과까지 배웠다.

3. 「上」

<写上 써 넣다.>　　<关上 닫다.>　　<合上 합치다.>　　<算上 계산하다.>
<闭上 (눈을) 감다.>　<加上 더하다.>　　<锁上 잠그다.>　　<穿上 입다.>

1) 목표에 도달하다.

我们赶上了上午出发的队伍。

Wǒmen gǎnshàng le shàngwǔ chūfā de duìwǔ.

우리는 오전에 출발한 대열을 따라잡았다.

2) 동작이나 행위를 통해 결합되거나 부착되다.

别忘了把名字写上。

Bié wàng le bǎ míngzi xiěshàng.

잊지 말고 이름을 써라.

快点把衣服穿上吧，免得着凉。

Kuài diǎn bǎ yīfu chuānshàng ba, miǎnde zháoliáng.

빨리 옷을 입어라. 감기에 걸리지 않도록.

3) 개방된 상태에서 폐쇄되다.

出门时别忘了锁上门。

Chūmén shí bié wàng le suǒshàng mén.

외출할 때 문단속하는 것을 잊지 말아라.

4) 동작이 시작하여 지속되다.

从此人民开始过上了幸福的生活。

Cóngcǐ rénmín kāishǐ guòshàng le xìngfú de shēnghuó.

그때부터 백성들은 행복한 생활을 하기 시작했다.

她看上了那件蓝色连衣裙。

Tā kànshàng le nà jiàn lánsè liányīqún.

그녀는 그 파란 원피스가 마음에 들었다.

4. 「见」: 시각, 청각, 후각 등으로 느끼게 되다.

<看见 보다>　　<听见 듣다>　　<望见 바라보다.>　　<瞧见 보다.>

<梦见 꿈에서 만나다.>　　<碰见 우연히 만나다.>

打开窗户就看见了一个广告牌。
Dǎkāi chuānghu jiù kànjiàn le yí ge guǎnggào pár.
창문을 열면 광고팻말이 하나 보인다.

没想到在路上碰见了小学时候的老师。
Méi xiǎngdào zài lù shang pèngjiàn le xiǎoxué shíhou de lǎoshī.
생각지 못하게 길에서 초등학교시절의 선생님을 우연히 만났다.

5. 「完」: "끝내다", "완성하다", "다하다"의 뜻으로 쓰인다.
　　<听完 다 듣다.>　　<读完 다 팔리다.>　　<说完 말을 마치다.>
　　<抄完 다 옮겨 적다.>　　<喝完 다 마시다.>　　<洗完 다 빨았다.>
　　<用完 다 썼다.>　　<看完 다 봤다.>

我听完了磁带。
Wǒ tīngwán le cídài.
나는 테이프를 다 들었다.

办完了手续, 就马上来找我。
Bànwán le shǒuxù, jiù mǎshàng lái zhǎo wǒ.
수속을 다 마치고, 바로 나를 찾아와라.

6. 기타: 「会」: 배워서 터득하거나 할 수 있게 되었다.
　　　<学会, 练会, 教会>
「懂」: 알다. 이해하다.
　　　<看懂, 听懂>
「着」: 결과, 목적이 달성되다.(到와 쓰임이 같다.)
　　　<见着, 买着, 猜着, 借着, 睡着>
「住」: 안정되다. 고정하다.
　　　<停住, 记住, 抓住, 接住, 握住, 站住. 盖住, 忍住, 吸引住>
「开」: 열다. 분리되다.(방향보어로도 쓰임)
　　　<推开, 分开, 翻开, 打开, 躲开, 张开, 掀开>

「走」: 떨어져 나가거나 헤어짐을 의미한다.

    ＜拿走, 带走, 领走, 取走, 搬走, 送走＞

「给」: 어떤 대상에게 무엇인가를 넘겨주다.

    ＜交给, 寄给, 传给, 写给, 说给＞

「满」: "모두", "다~"의 뜻을 나타내고, "가득 차 있다"의 의미로도 쓰인다.

    ＜坐满, 放满, 倒满, 摆满＞

「倒」: 넘어지다. 쓰러지다.

    ＜吹倒, 碰倒, 摔倒＞

「掉」: 잃어버리다. 없어지다.

    ＜丢掉, 扔掉, 擦掉, 改掉, 吃掉, 拔掉＞

「丢」: 없애다. 잃다.

    ＜弄丢＞

「动」: 움직이게 하다. 이동하다.

    ＜搬动, 挑动＞

「惯」: 습관이 되다. 익숙해지다.

    ＜吃惯, 住惯, 喝惯, 看惯＞

「死」: 죽게 되다. 움직임이 멈추다.

    ＜病死, 打死, 钉死＞

「透」: 스며들다. 철저하다.

    ＜湿透, 看透, 熟透＞

「中」: 들어맞다. 적중하다.

    ＜看中, 射中, 猜中, 说中, 打中＞

「下」: 원래의 장소에서 벗어나다. 고정적으로 남다. 수용하다.

1. 我写完这篇文章再写下一篇小说。
   Wǒ xiěwán zhè piān wénzhāng zài xiě xià yi piān xiǎoshuō.

   나는 이 문장을 다 쓴 후 다음 소설을 쓴다.

2. 刚学的生词，我又写错了。
   Gāng xué de shēngcí, wǒ yòu xiěcuò le.

   방금 배운 단어를 나는 또 잘못 썼다.

3. 我不做完作业，就不出去。
   Wǒ bú zuòwán zuòyè, jiù bù chūqu.

   나는 숙제를 다 안 마치면 안 나간다.

4. 他还没睡醒，让他多睡一会儿吧。
   Tā hái méi shuìxǐng, ràng tā duō shuì yíhuìr ba.

   그는 아직 잠에서 깨지 않았으니 그에게 잠시 더 자도록 하게 해라.

5. 秋天到了，枫叶都变成红的了。
   Qiūtiān dào le, fēngyè dōu biànchéng hóng de le.

   가을이 되니 단풍이 모두 붉게 변했다.

6. 剧本拍成了电影。
   Jùběn pāichéng le diànyǐng.

   극본을 영화로 찍어 냈다.

7. 算上他一共六个人。
   Suànshàng tā yígòng liù ge rén.

   그를 합쳐 모두 6명이다.

8. 他闭上眼睛，想了一会儿。
   Tā bìshàng yǎnjing, xiǎng le yíhuìr.

   그는 눈을 감고 잠시 생각했다.

9. 该卖的都卖完了。
   Gāi mài de dōu màiwán le.

   팔아야 할 것은 다 팔았다.

10. 找到手机了没有?
    Zhǎodào shǒujī le méiyǒu?

    휴대폰은 찾았습니까?

1. 说了好几遍，才听懂了他说的话。
   Shuō le hǎo jǐ biàn, cái tīngdǒng le tā shuō de huà.

   ________________________________ .

2. 教室里太吵了，我没有听清楚。
   Jiàoshì li tài chāo le, wǒ méiyǒu tīngqīngchu.

   ________________________________ .

3. 录音机修好了吗?
   Lùyīnjī xiūhǎo le ma?

   ________________________________ .

4. 他把这个故事写成了一篇歌剧。
   Tā bǎ zhè ge gùshi xiěchéng le yì piān gējù.

   ________________________________ .

5. 昨天我买到了去成都的火车票。
   Zuótiān wǒ mǎidào le qù Chéngdū de huǒchē piào.

   ________________________________ .

6. 我不知不觉就走到海边。
   Wǒ bù zhī bù jué jiù zǒudào hǎibiān.

   ________________________________ .

7. 他每天学习到十二点才肯睡。
   Tā měitiān xuéxídào shí èr diǎn cái kěn shuì.

   ________________________________ .

8. 他爱上了一个邻居家的小姐。
   Tā àishàng le yí ge línjū jiā de xiǎojiě.

   ________________________________ .

9. 你没注意听，当然没听见。
   Nǐ méi zhùyì tīng, dāngrán méi tīngjiàn.

   ________________________________ .

10. 以前是个漂亮的客厅，现在变成了仓库。
    Yǐqián shì ge piāoliang de kètīng, xiànzài biànchéng le cāngkù.

    ________________________________ .

1. 선생님이 하신 말씀을 우리는 다 알아들었다.

   ___________________________________ .

2. 아이들은 다 잠들었다.

   ___________________________________ .

3. 너는 그의 전화번호를 기억했니?

   ___________________________________ .

4. 나는 이 당시를 한국어로 번역했다.

   ___________________________________ .

5. 샤우왕이 보낸 편지를 나는 오늘에야 비로소 받았다.

   ___________________________________ .

6. 어두워졌으니 너를 집 문 앞까지 데려다 주마.

   ___________________________________ .

7. 당신이 대학에 합격한 것을 축하합니다.

   ___________________________________ .

8. 나는 창문을 닫았다.

   ___________________________________ .

9. 방청소를 다 끝내고 단지 응접실만 남았다.

   ___________________________________ .

10. 어제는 10년 동안 만나지 못한 오래된 동창을 우연히 만났다.

   ___________________________________ .

第13课

我一定要学好吉他。　나는 반드시 기타를 잘 배울 것이다.

결과보어Ⅱ

결과보어로 사용되는 형용사
　　「好」「清楚」「干净」「错」「对」「光」「饱」「长」
　　「大」「短」「多」「高」「坏」「远」「醉」「夠」
결과보어로 사용되는 전치사
　　「给」「到」「在」

결과보어 II

五. 결과 보어로 사용되는 형용사

1. 「好」: 다 되다. 만족할 정도의 결과를 이루다.
   <整理好 정리가 다 되다.>　<放好 잘 놓다.>　<坐好 제대로 앉다.>
   <修理好 수리가 다 되다.>　<准备好 다 준비되다.>　<做好 잘 만들다.>
   <学好 다 배웠다.>　<收好 잘 거두다.>　<拿好 잘 가지고 있다.>

2. 「清楚」: 명확하다. 깨끗하다.
   <写清楚 명확히 썼다.>　<想清楚 명확히 생각하다.>
   <看清楚 뚜렷하게 봤다.>　<说清楚 명확히 말하다.>

   这件事情关系到很多人，你当然要说清楚。
   Zhè jiàn shìqing guānxi dào hěn duō rén, nǐ dāngrán yào shuō qīngchu.
   이 일은 많은 사람과 관련이 있으니 너는 당연히 명확하게 말해야 한다.

3. 「干净」: 깨끗하다. 몽땅 없어지다.
   <洗干净 깨끗하게 세탁되다.>　<吃干净 깨끗이 먹어치웠다.>
   <擦干净 깨끗하게 닦았다.>　<打扫干净 깨끗하게 청소되다.>

4. 「错」: 틀리다. 잘못하다.
   <打错 잘못 걸다.>　<算错 잘못 계산하다.>　<做错 잘못하다.>
   <听错 잘못 듣다.>　<写错 잘못 쓰다.>　<想错 잘못 생각하다.>
   <看错 잘못보다.>　<说错 잘못 말하다.>　<点错 잘못 주문하다.>

你算错了，请你再算一算。

Nǐ suàn cuò le, qǐng nǐ zài suàn yi suàn.

당신은 잘못 계산했으니 다시 한 번 계산해 주세요.

5. 「对」: 정확하다. 맞다. 올바르다.

<猜对 맞추다.>　<做对 제대로 하다.>　<听对 제대로 듣다.>

<答对 올바로 대답하다.>　<算对 계산을 맞게 하다.>

<说对 올바로 말하다.>　<想对 맞게 생각하다.>

一共答对了八道题。

Yígòng dá duì le bā dào tí.

모두 8문제를 맞게 대답했다.

6. 「光」: 아무것도 남지 않다.

<卖光 다 팔리다.>　<花光 다 써 버리다.>

<吃光 다 먹어 버리다.>　<忘光 다 잊어버리다.>

7. 기타:

「饱」: 충분하다.

<吃饱 배불리 먹다.>

「长」: 길어지다.

<拉长 길게 당기다.>

「大」: 크게 되다.

<放大 크게 확대하다.>　<长大 크게 자라다.>

「短」: 짧아지다.

<剪短 짧게 자르다.>　<缩短 짧게 축소하다.>

「多」: 많다. 지나치게 ~하다.

<喝多 많이 마시다.>　<穿多 많이 입다.>

「高」: 높다.

<长高 크게 자랐다.>　<堆高 높이 쌓다.>

「坏」: 잘못되다. 나빠지다.

   <弄坏 망가뜨렸다.>　<写坏 잘못 썼다.>

「远」: 멀다.

   <走远 멀리 (걸어)가다.>　<飞远 멀리 날아가다.>

「醉」: 취하다.

   <喝醉 취하게 마셨다.>

「够」: 만족하다. 충분하다.

   <吃够 실컷 먹었다.>　<睡够 실컷 잤다.>　<玩够 실컷 놀았다.>

   <存够 충분히 저축했다.>　<听够 충분히 들었다.>

六. 결과보어로 사용되는 전치사

1. 「给」: 주다.

   <传给 전해 주다.>　<递给 건네주다.>　<介绍给 소개해 주다.>

   <送给 선물해 주다.>　<交给 제출하다.>　<租给 빌려 주다.>

   <发给 보내다.>　<还给 돌려주다.>　<输给 ~에게 지다.>

   <献给 바치다.>　<留给 남겨 주다.>　<借给 빌려 주다.>

借给你的钱, 一个月以内必须还给我。

Jiègěi nǐ de qián, yí ge yuè yǐnèi bìxū huángěi wǒ.

너에게 빌려 준 돈은 한 달 내에 필히 나에게 갚아 줘야 한다.

2. 「到」: ~까지 도달하다.

   <送到 ~까지 보내다.>　<走到 ~까지 가다.>　<玩到 ~까지 놀다.>

   <学到 ~까지 배우다.>

我猜到她就是王老师的爱人。

Wǒ cāidào tā jiùshì wáng lǎoshī de àirén.

나는 그녀가 바로 왕 선생님의 부인이라는 것을 맞추었다.

3. 「在」: ~있다.

    <放在 ~에 놓다. 두다.>　　<搁在 ~에 놓다.>　　<坐在 ~에 앉다.>

    <留在 ~에 남겨 두다.>　<定在 ~로 정하다.>　<停在 ~에 서다. 멈추다.>

坐在我旁边的就是我妹妹。
Zuòzài wǒ pángbiān de jiùshì wǒ mèimei.

내 옆에 앉아 있는 사람이 바로 내 여동생이다.

毕业以后他留在学校工作了。
Bìyè yǐhòu tā liúzài xuéxiào gōngzuò le.

졸업 후 그는 학교에 남아 일을 했다.

期末考试已经定在下个星期了。
Qīmò kǎoshì yǐjīng dìng zài xià ge xīngqī le.

기말고사는 이미 다음 주로 정해졌다.

1. 那么多的书他都整理好了。
   Nàme duō de shū tā dōu zhěnglǐhǎo le
   저렇게 많은 책을 그가 모두 정리를 마쳤다.

2. 我一定要学好吉他。
   Wǒ yídìng yào xuéhǎo jítā.
   나는 반드시 기타를 잘 배울 것이다.

3. 我没听清楚，请再说一遍。
   Wǒ méi tīngqīngchu, qǐng zài shuō yí biàn.
   나는 알아듣지 못했으니 다시 한 번 말해 주세요.

4. 他帮老师把黑板擦干净了。
   Tā bāng lǎoshī bǎ hēibǎn cāgānjìng le.
   그는 선생님을 도와 칠판을 깨끗이 지웠다.

5. 我已经修好了我弟弟的自行车。
   Wǒ yǐjīng xiūhǎo le wǒ dìdi de zìxíngchē.
   나는 내 동생의 자전거를 벌써 다 수리했다.

6. 妈妈把我的衬衫洗干净了。
   Māma bǎ wǒ de chènshān xǐgānjìng le.
   엄마는 내 셔츠를 깨끗이 빨았다.

7. 我把在北京学的汉语差不多都忘光了。
   Wǒ bǎ zài Běijīng xué de Hànyǔ chà bu duō dōu wàngguāng le.
   나는 베이징에서 배운 중국어를 거의 다 잊어버렸다.

8. 花不了半个小时就走到山顶上来了。
   Huā bu liǎo bàn ge xiǎoshí jiù zǒudào shāndǐng shang lái le.
   30분도 걸리지 않아 벌써 산 정상까지 걸어 올라왔다.

9. 明天上课之前一定要把作业交给班长。
   Míngtiān shàngkè zhīqián yídìng yào bǎ zuòyè jiāogěi bānzhǎng.
   내일 수업하기 전에 반드시 반장에게 숙제를 내야 한다.

10. 搁在那儿就可以走了。
    Gēzài nàr jiù kěyǐ zǒu le.
    거기에 두고 가도 좋다.

1. 请你拿好这个塑料带。
   Qǐng nǐ náhǎo zhè ge sùliàodài.

   _______________________ .

2. 已经想清楚了以后该怎么做。
   Yǐjīng xiǎngqīngchu le yǐhòu gāi zěnme zuò.

   _______________________ .

3. 肚子虽然不饿，可是把菜都吃干净了。
   Dùzi suīrán bú è, kěshì bǎ cài dōu chīgānjìng le.

   _______________________ .

4. 这里不是医院，你打错号码了。
   Zhè li bú shì yīyuàn, nǐ dǎcuò hàomǎ le.

   _______________________ .

5. 这回他总算做对了。
   Zhè huí tā zǒngsuàn zuòduì le.

   _______________________ .

6. 他把冰箱里的菜都吃光了。
   Tā bǎ bīngxiāng li de cài dōu chīguāng le.

   _______________________ .

7. 这个月的零用钱不到一个星期就花光了。
   Zhè ge yuè de língyòngqián bú dào yí ge xīngqī jiù huāguāng le.

   _______________________ .

8. 日本队又输给韩国队了。
   Rìběn duì yòu shūgěi Hánguó duì le.

   _______________________ .

9. 昨天玩牌玩到十二点才结束了。
   Zuótiān wánpái wándào shí èr diǎn cái jiéshù le.

   _______________________ .

10. 最好别把车停在门口。
    Zuìhǎo bié bǎ chē tíngzài ménkǒu.

    _______________________ .

작문연습

1. 오늘 요리는 잘못 주문했다. 비싸고 맛도 없다.

   _______________________________________ .

2. 내가 도대체 무엇을 잘못했습니까?

   _______________________________________ .

3. 결과가 설명해 주듯이 이번 결정은 그가 잘 생각한 것이다.

   _______________________________________ .

4. 나는 사장님을 공항까지 배웅하는 일을 책임지고 있다.

   _______________________________________ .

5. 방은 깨끗이 치웠습니까?

   _______________________________________ .

6. 네가 명확하게 쓰지 않으면 내가 어떻게 보겠습니까?

   _______________________________________ .

7. 그는 한 번도 제대로 말한 적이 없다.

   _______________________________________ .

8. 이런 종류의 물고기는 다 팔렸다.

   _______________________________________ .

9. 나는 그에게 문자메시지 한 통을 보냈다.

   _______________________________________ .

10. 그들은 자료를 책상 위에 올려놨다.

    _______________________________________ .

第14课

他走上楼来了。　그는 건물 위로 올라왔다.

단순방향보어

　「동사＋방향보어」
　「동사＋방향보어＋목적어」
　「동사＋목적어＋来/去」

복합방향보어

	上	下	进	出	回	过	起
来	上来	下来	进来	出来	回来	过来	起来
去	上去	下去	进去	出去	回去	过去	×

방향보어 Ⅰ　　　방향보어란 동사 뒤에 위치하여 동작이나 행위가 행해지는 방향을 나타내며, 단순방향보어와 복합방향보어가 있다. 중국의 어법 용어로는 추향보어(趋向补语)라고 한다.

一. 단순방향보어:

「来」: 오다.

　　<上来 올라오다.>　<跑来 뛰어오다.>　<带来 데려오다.>

　　<走来 걸어오다.>　<搬来 옮겨오다.>　<借来 빌려오다.>

　　<回来 돌아오다.>　<进来 들어오다.>

「去」: 가다.

　　<寄去 부치다.>　<出去 나가다.>

「上」: 오르다.

　　<搬上 위로 옮기다.>　<爬上 기어오르다.>

「下」: 내리다.

　　<坐下 앉다.>　<跪下 꿇다.>　<跑下 뛰어 내려(오/가)다.>

「进」: 들어가다.

　　<走进 걸어 들어(오/가)다.>

「出」: 나오다.

　　<出来 나오다.>　<走出 걸어 나가다.>

「回」: 돌아가다.

　　<送回 되돌려 보내다.>　<接回 맞이해 (오/가)다.>　<放回 되돌려 놓다.>

「过」: 지나다.

　　<穿过 뚫고 지나(오/가)다.>　<飞过 날아 지나(오/가)다.>」

「起」: 일어나다.

　　<捡起 집어 들다.>　<站起 일어서다.>

「开」: 분리하다.

    <打开 열다.>   <解开 풀어 펼치다.>   <走开 걸어서 벗어나다.>

    <拿开 들어서 치우다.>   <离开 떠나다.>

1.「동사 + 방향보어」

把桌子上的书拿开。

Bǎ zhuōzi shang de shū nákāi.

책상 위에 있는 책을 치워라.

2.「동사 + 방향보어 + 목적어」

단순 방향보어인 경우 목적어는 방향보어 바로 뒤에 위치한다.

法国人认为结婚天下雨会带来幸福。

Fǎguórén rènwéi jiéhūntiān xiàyǔ huì dàilái xìngfú.

프랑스인들은 결혼식 날 비가 오면 행복을 가져온다고 여긴다.

3.「동사 + 목적어 + 来/去」

단순방향보어「来」·「去」와 목적어의 위치

1) 목적어가 장소인 경우 방향보어「来」·「去」의 앞에 온다.

他今天才回宿舍来了。

Tā jīntiān cái huí sùshè lái le.

그는 오늘에서야 겨우 기숙사에 돌아왔다.

2) 목적어가 일반사물이고, 동작이 아직 실현되지 않은 경우에 목적어는「来」·「去」의 앞에 온다.

明天游览颐和园，我带照相机去。

Míngtiān yóulǎn Yíhéyuán, wǒ dài zhàoxiàngjī qù.

내일 이허웬에 관광 가는데, 나는 사진기를 가져간다.

3) 목적어가 일반사물이고, 이미 실현된 동작일 경우에는「来」·「去」의 앞이나 뒤에 다 올 수 있으며,「来」·「去」가 동사 뒤에 바로 오면 문장이 완료됐다는 느낌이 강해진다. 목적어가 추상명사일 경우에는「来」·「去」의 뒤에만 온다.

我从外边搬来了一把椅子。

Wǒ cóng wàibiān bānlái le yì bǎ yǐzi.

난 밖에서 의자 하나를 옮겨 왔다.

＝我从外边搬一把椅子来了。

我给他寄去了一封信。

Wǒ gěi tā jìqù le yì fēng xìn.

나는 그에게 편지 한 통을 보냈다.

＝我给他寄一封信去了。

二. 복합방향보어

	上	下	进	出	回	过	起
来	上来 올라오다	下来 내려오다	进来 들어오다	出来 나오다	回来 돌아오다	过来 다가오다	起来 일어나다
去	上去 올라가다	下去 내려가다	进去 들어가다	出去 나가다	回去 들어가다	过去 다가가다	×

1. 「上来」: 낮은 곳에서 높은 곳으로 올라오다.

   他走上楼来了。

   Tā zǒu shàng lóu lai le.

   그는 위층으로 걸어 올라왔다.

2. 「上去」: 낮은 곳에서 높은 곳으로 올라가다.

   我想爬上楼阁去看看风景。

   Wǒ xiǎng páshàng lóugé qu kànkan fēngjǐng.

   나는 누각 위로 올라가서 경치를 보고 싶다.

3. 「下来」: 높은 곳에서 낮은 곳으로 내려오다.

   汽车停下来了。

   Qìchē tíngxiàlai le.

   차가 멈췄다.

4. 「下去」: 높은 곳에서 낮은 곳으로 내려가다.

很快就跑上楼去了。

Hěn kuài jiù pǎoshàng lóu qu le.

매우 빨리 위층으로 뛰어 올라갔다.

5. 「进来」: 안으로 들어오다.

弟弟从外边跑进来了。

Dìdi cóng wàibiān pǎojìnlai le.

동생은 밖에서 뛰어 들어왔다.

6. 「进去」: 안으로 들어가다.

一下车就走进百货大楼去了。

Yí xiàchē jiù zǒujìn bǎihuò dàlóu qu le.

차에서 내리자마자 바로 백화점으로 걸어 들어갔다.

7. 「出来」: 안에서 바깥쪽으로 나오다.

他从办公室里走出来了。

Tā cóng bàngōngshì li zǒuchūlai le.

그는 사무실 안에서 걸어 나왔다.

8. 「出去」: 안에서 바깥쪽으로 나가다.

学校附近的房子几乎都租出去了。

Xuéxiào fùjìn de fángzi jīhū dōu zūchūqu le.

학교 근처에 있는 집은 세가 거의 다 나갔다.

9. 「回来」: 돌아오다.

早上丢的手机，第二天才找回来了。

Zǎoshang diū de shǒujī, dì èr tiān cái zhǎohuílai le.

아침에 잃어버린 휴대폰을 그다음 날 겨우 찾았다.

10. 「回去」: 돌아가다.

别忘了把词典带回去。

Bié wàng le bǎ cídiǎn dàihuíqu.

잊지 말고 사전을 되가져가세요.

11. 「过来」: 내 쪽으로 건너오다.

他从马路那一边走过来了。

Tā cóng mǎlù nà yi biān zǒuguòlai le.

그는 길 저쪽에서 걸어왔다.

12. 「过去」: 내 쪽에서 건너가다.

汽车很快地开过桥去了。

Qìchē hěn kuài de kāi guò qiáo qu le.

차는 매우 빠르게 다리를 운행해 건너갔다.

13. 「起来」: 동작이 아래에서 위로 향하다.

抬起头来，看看窗外的风景吧。

Táiqǐ tóu lai, kànkan chuāng wài de fēngjǐng ba.

고개를 들어 창밖의 경치를 좀 보세요.

1. **请到这边来，坐下。**
   Qǐng dào zhèbiān lái, zuòxià.

   이쪽으로 오셔서 앉으세요.

2. **天空飞过一群大雁。**
   Tiānkōng fēiguò yì qún dàyàn.

   하늘에 기러기 떼가 날아갔다.

3. **爬上山远望，就可以看到海。**
   Páshàng shān yuǎnwàng, jiù kěyǐ kàndào hǎi.

   산을 올라 멀리 바라보면, 바다를 볼 수 있다.

4. **我从外边搬来了一把椅子。**
   Wǒ cóng wàibian bānlái le yì bǎ yǐzi.

   난 밖에서 의자 하나를 옮겨 왔다.

5. **他让小孩儿坐上车来。**
   Tā ràng xiǎoháir zuòshàng chē lai.

   그는 아이를 차에 타게 했다.

6. **他从楼上跑下来了。**
   Tā cóng lóu shang pǎoxiàlai le.

   그는 위층에서 뛰어 내려왔다.

7. **走上去就可以看到一棵老松树。**
   Zǒushàngqu jiù kěyǐ kàndào yì kē lǎo sōngshù.

   걸어 올라가면 바로 늙은 소나무 한 그루를 볼 수 있다.

8. **他搬进宿舍去了。**
   Tā bānjìn sùshè qu le.

   그는 기숙사로 이사 들어갔다.

9. **她把词典拿出来给我看了。**
   Tā bǎ cídiǎn náchūlai gěi wǒ kàn le.

   그녀는 사전을 꺼내어 내게 보여 주었다.

10. **水不深，快点儿游过来吧。**
    Shuǐ bù shēn, kuài diǎnr yóuguòlai ba.

    물이 깊지 않으니, 빨리 헤엄쳐서 건너와라.

1. 有关医学方面的书都是借来的。
   Yǒuguān yīxué fāngmian de shū dōushì jièlái de.

   ________________________________.

2. 他跪下求婚，我也跟着跪下了。
   Tā guìxià qiúhūn, wǒ yě gēnzhe guìxià le.

   ________________________________.

3. 明天我要给弟弟送几件衣服去。
   Míngtiān wǒ yào gěi dìdi sòng jǐ jiàn yīfu qù.

   ________________________________.

4. 真抱歉，给你带来这么多麻烦。
   Zhēn bàoqiàn, gěi nǐ dàilái zhème duō máfan.

   ________________________________.

5. 一直走下去就是校门。
   Yìzhí zǒuxiàqu jiùshì xiàomén.

   ________________________________.

6. 拿出护照来，给我看看吧。
   Náchū hùzhào lai, gěi wǒ kànkan ba.

   ________________________________.

7. 看完的画报，请放回原来的地方去。
   Kànwán de huàbào, qǐng fànghuí yuánlái de dìfang qu.

   ________________________________.

8. 这么小的船渡不过这条河去。
   Zhème xiǎo de chuán dù bu guò zhè tiáo hé qu.

   ________________________________.

9. 病人终于醒过来了。
   Bìngrén zhōngyú xǐngguòlai le.

   ________________________________.

10. 孩子们高兴得跳了起来。
    Háizimen gāoxìng de tiào le qǐlai.

   ________________________________.

1. 밖은 추우니 어서 안으로 들어오세요.

   _______________________________________.

2. 선생님은 나가셨다.

   _______________________________________.

3. 그는 수업을 마치고 바로 집으로 돌아갔다.

   _______________________________________.

4. 샤우챵은 종종 중국에 간다.

   _______________________________________.

5. 나는 그에게 편지 한 통을 보냈다.

   _______________________________________.

6. 내 친구는 도서관으로 걸어 들어왔다.

   _______________________________________.

7. 그는 이미 공항 안으로 걸어 들어갔다.

   _______________________________________.

8. 그는 중국에서 물건을 좀 가져왔다.

   _______________________________________.

9. 일어나 주세요.

   _______________________________________.

10. 모두 손을 들어 주세요.

   _______________________________________.

第15课

我爱上她了。　나는 그녀를 사랑하게 되었다.

방향보어Ⅱ

「동사＋上/下/进/出/回/起/过/开＋목적어」
「동사(미 실현 동사)＋목적어＋来/去」
「동사＋명사구(장소)＋来/去」
「동사(미 실현 동사)＋목적어＋来/去」
「동사(기 실현 동사)＋来/去」
「동사＋来/去＋목적어(추상명사)」

방향보어 Ⅱ

二. 방향보어와 목적어의 위치

1. 단순방향보어 중에서 「上」·「下」·「进」·「出」·「回」·「起」·「过」·「开」 는 동사와 긴밀히 결합되어 있어서 그 사이에 목적어가 들어갈 수 없고 동사 뒤에 목적어를 둔다.

> **我们走过站了，要往回走。**
> Wǒmen zǒuguò zhàn le, yào wǎnghuí zǒu.
> 우리는 정거장을 지나쳐서 뒤로 되돌아가야 한다.

2. 방향보어가 「来」·「去」인 경우 목적어의 위치가 비교적 자유롭다.

1) 장소를 나타내는 명사구는 동사와 「来」·「去」 사이에만 쓸 수 있다.

> **她一步一步走进结婚礼堂里来了。**
> Tā yí bù yí bù zǒujìn jiéhūn lǐtáng li lai le.
> 그녀는 한 걸음 한 걸음 결혼식장 안으로 걸어 들어왔다.

2) 아직 실현되지 않는 동작을 나타내는 문에서는 목적어는 「来」·「去」의 앞에 쓰이고, 이미 실현된 동작을 나타내는 문에서는 목적어는 「来」·「去」 뒤에 쓰인다.

> **我要给姐姐寄一张明信片去。**
> Wǒ yào gěi jiějie jì yì zhāng míngxìnpiàn qù.
> 나는 언니에게 엽서 한 장을 부쳐야 한다.

3) 목적어가 추상명사인 경우와 존현문의 목적어는 「来」·「去」의 뒤에 쓴다.

> **他经常不守信用，给我带来了不少困难。**
> Tā jīngcháng bù shǒu xìnyòng, gěi wǒ dàilái le bù shǎo kùnnan.
> 그는 신용을 지키지 않아, 나에게 적지 않은 어려움을 가져왔다.

三. 방향보어의 확장된 용법

1. 단순방향보어

방향보어는 동작이나 행위의 방향 이외에도 더 확장된 의미를 갖는다.

1) 「上」: 합함·부착·지속, 목적의 실현과 동작의 달성을 나타낸다.

　　<贴上 붙이다.>　<关上 닫다.>　<爱上 사랑하다.>　<考上 합격하다.>

　　<合上 합치다.>　<追上 쫓아가다.>　<写上 써넣다.>　<闭上 닫다.>

　　<加上 추가하다.>　<算上 더하다.>　<戴上 착용하다.>

　　有点儿冷，关上窗户吧。
　　Yǒu diǎnr lěng, guānshàng chuānghu ba.
　　조금 추우니, 창문을 닫아라.

2) 「下」: 이탈·고정·수용의 의미를 나타낸다.

　　<拍下 찍다.>　<留下 남다.>　<脱下 벗다.>　<摘下 따다.>　<写下 쓰다.>

　　<坐下 앉다.>　<收下 받다.>　<记下 기록하다.>　<撕下 찢다.>

　　收下这笔钱，就当作是给你的零用钱吧。
　　Shōuxià zhè bǐ qián, jiù dāngzuò shì gěi nǐ de língyòngqián ba.
　　이 돈을 받아라. 바로 너에게 주는 용돈으로 여겨라.

3) 「来」: 「看」·「说」·「听」 등의 동사 뒤에서 추측 또는 착안의 의미로 "~
하자니"의 뜻을 나타낸다.

　　<说来 말하자니 ~>　<看来 보자니 ~>　<听来 듣자 하니 ~>

　　这件事说来话长。
　　Zhè jiàn shì shuōlái huà cháng.
　　이 일은 말하자면 길다.

4) 「过」: 방향의 전환과 초과의 의미를 나타낸다.

　　<转过 돌리다.>　<睡过 잠이 들다.>　<回过 되돌리다.>

　　<拿过 들고 (오/가)다.>　<接过 건네받다.>　<走过 걸어 지나(오/가)다.>

他转过脸一句话也不说。

Tā zhuǎnguò liǎn yí jù huà yě bù shuō.

그는 얼굴을 돌리고 한마디 말도 하지 않는다.

5) 「起」: 동작이나 상태가 새로이 시작됨을 나타낸다.

<提起 들다. 거론하다.>　<响起 울리다.>

你既然提起这件事，我不能不说几句。

Nǐ jìrán tíqǐ zhè jiàn shì, wǒ bù néng bù shuō jǐ jù.

네가 기왕에 이 일을 거론한다면 나는 몇 마디 하지 않을 수 없다.

6) 「出」: "노출되다", "생기다"의 의미로 쓰인다.

<表现出 표현하다.>　<长出 자라나다.>　<露出 나타내다.>
<做出 만들어 내다.>

他脸上表现出不满的表情。

Tā liǎn shang biǎoxiànchū bù mǎn de biǎoqíng.

그는 얼굴에 불만스런 표정을 자아냈다.

7) 「开」: "퍼져 나간다"와 "전개되다"의 추상적인 의미로 쓰인다.

流行性感冒从这儿开始蔓延开来。

Liúxíngxìng gǎnmào cóng zhèr kāishǐ mànyánkāilai.

유행성독감은 여기서부터 널리 퍼져 나갔다.

8) 「……来……去」: "아무리 ～해 봐도"의 뜻으로 쓰인다.

想来想去还是没有其他好方法。

Xiǎnglái xiǎngqù háishì méiyǒu qítā hǎo fāngfǎ.

이리저리 생각해 봐도 여전히 다른 좋은 방법이 없다.

1. 小孩子跑进教室了。
   Xiǎo háizi pǎojìn jiàoshì le.

   아이는 교실로 뛰어 들어갔다.

2. 他把雨伞带回家去了。
   Tā bǎ yǔsǎn dàihuí jiā qu le.

   그는 우산을 집으로 가지고 갔다.

3. 前边跑来了一群孩子。
   Qiánbiān pǎolái le yì qún háizi.

   앞쪽에서 한 무리의 아이들이 뛰어왔다.

4. 我爱上她了。
   Wǒ àishàng tā le.

   나는 그녀를 사랑하게 되었다.

5. 他脱下帽子，表示了一下敬意。
   Tā tuōxià màozi, biǎoshì le yíxià jìngyì.

   그는 모자를 벗고, 경의를 표했다.

6. 糟糕，我睡过头了。
   Zāogāo, wǒ shuìguò tóu le.

   큰일 났다. 늦잠을 자 버렸네.

7. 台下响起热烈的掌声。
   Táixià xiǎngqǐ rèliè de zhǎngshēng.

   단상 아래에서 뜨거운 박수 소리가 울렸다.

8. 这几年做出了很好的成绩。
   Zhè jǐ nián zuòchū le hěn hǎo de chéngjì.

   요 몇 해 동안 좋은 성적을 거두었다.

9. 屋子里太热了，把窗户打开。
   Wūzi li tài rè le, bǎ chuānghu dǎkāi.

   방 안이 너무 더우니 창문을 열어라.

10. 看来看去还是没有满意的式样。
    Kànlái kànqù háishì méiyǒu mǎnyì de shìyàng.

    이리저리 봐도 여전히 만족스러운 스타일이 없다.

1. 小李上楼来了。
   Xiǎo Lǐ shàng lóu lái le.

2. 我给姐姐寄去了一张明信片。
   Wǒ gěi jiějie jìqù le yì zhāng míngxìnpiàn.

3. 快把书合上，别打开。
   Kuài bǎ shū héshàng, bié dǎkāi.

4. 信封上贴上了邮票。
   Xìnfēng shang tiēshàng le yóupiào.

5. 这件事给我留下了深刻的印象。
   Zhè jiàn shì gěi wǒ liúxià le shēnkè de yìnxiàng.

6. 听来真是分不出谁是谁。
   Tīnglái zhēnshì fēn bu chū shéi shì shéi.

7. 他露出为难的样子。
   Tā lùchū wéinán de yàngzi.

8. 别放在心上，想开一点儿吧。
   Bié fàngzài xīn shang, xiǎngkāi yìdiǎnr ba.

9. 找来找去，找了半天，终于找到了合适的衣服。
   Zhǎolái zhǎoqù, zhǎo le bàntiān, zhōngyú zhǎodào le héshì de yīfu.

10. 他急得在房间里走来走去。
    Tā jí de zài fángjiān li zǒulái zǒuqù.

1. 문을 여세요.

    ____.

2. 샤우밍은 어제 꽃 화분을 하나 보내왔다.

    ____.

3. 앞쪽에서 자동차 한 대가 (운전해) 왔다.

    ____.

4. 샤오왕은 중점 대학교에 합격했다.

    ____.

5. 3번 선수는 5번 선수를 따라잡았다.

    ____.

6. 기자는 이 귀중한 사진을 찍었다.

    ____.

7. 그는 머리를 돌려 나를 한번 쳐다보았다.

    ____.

8. 저 사람은 보아하니 매우 착실해 보인다.

    ____.

9. 그가 돌아온다는 소식은 널리 퍼졌다.

    ____.

10. 장황하게 말을 해도 결론을 내리지 못했다.

    ____.

第16课

他开心地笑起来了。　그는 기뻐서 웃기 시작했다.

방향보어Ⅲ

복합방향보어의 확장된 용법
　「起来」「上去」「上来」「下去」「下来」
　「出去」「出来」「过去」「过来」
　「起来」와「下去」의 용법 비교

방향보어Ⅲ

2. 복합방향보어의 확장된 용법

복합방향보어는 동작이나 행위의 방향 이외에도 더 확장된 의미를 갖는다.

1) 「起来」: 개시·변화·집중·단속·견해·평가·완성 등을 나타낸다.

(1) 동작이 시작되어 계속되는 의미:

<笑起来 웃기 시작하다.>   <热起来 더워지다.>

<多起来 많아지다.>   <好起来 좋아지다.>

<做起来 하기 시작하다.>   <说起话来 말하기 시작하다.>

<唱起歌来 노래 부르기 시작하다.>   <鼓起掌来 박수치기 시작하다.>

<富裕起来 부유해지기 시작하다.>   <撒起谎来 거짓말하기 시작하다.>

她一边唱歌，一边干起活来了。
Tā yì biān chànggē, yì biān gàn qǐ huó lai le.
그녀는 한편으론 노래를 부르면서, 한편으론 일하기 시작했다.

小强紧张起来脸上的表情就很不自然。
Xiǎo Qiáng jǐnzhāngqǐlai liǎn shang de biǎoqíng jiù hěn bú zìrán.
샤우챵은 긴장하기 시작하면 얼굴표정이 부자연스러워진다.

(2) 분산되어 있던 것이 집중되는 의미:

<团结起来 단결하다.>   <包起来 포장하다.>   <加起来 더하다.>

<收起来 거둬들이다.>   <藏起来 숨기다.>   <拼起来 짜 맞추다.>

<围起来 (주위를) 에워싸다.>

警察把那个小偷抓了起来。
Jǐngchá bǎ nà ge xiǎotōu zhuā le qǐlai.
경찰은 그 도둑을 잡아 버렸다.

把精神集中起来。
Bǎ jīngshén jízhōngqǐlai.
정신을 집중해라.

(3) 어떤 측면에서 평가의 의미:
　　<用起来 사용하기에>　<算起来 계산하니>　<听起来 듣기에>

这件事说起来容易，做起来难。
Zhè jiàn shì shuōqǐlai róngyì, zuòqǐlai nán.
이 일은 말하기에 쉬운데 하기는 어렵다.

看起来很好看，穿起来不太适合我。
Kànqǐlai hěn hǎo kàn, chuānqǐlai bútài shìhé wǒ.
보기는 예뻐 보여도 입으니 나에게 그다지 어울리지 않는다.

(4) 기억에 대한 결과가 생긴 것을 의미함.
　　<记起来 기억이 나다.>　　<回忆起来 추억해 보니>

这件事怎么也记不起来。
Zhè jiàn shì zěnme yě jì bu qǐlai.
이 일은 아무리 해도 기억이 나지 않는다.

想起来了，他叫王刚。
Xiǎngqǐlai le, tā jiào Wáng Gāng.
생각이 났다. 그는 왕깡이라고 한다.

2)「上去」: 격상・향상・발전・추가・평가를 나타낸다.
　　<交上去 제출하다.>　<报上去 보고하다.>　<考上去 합격하다.>
　　<补上去 보충하다.>　<加上去 더하다.>　<提高上去 향상시키다.>

这座建筑看上去像是博物馆。
Zhè zuò jiànzhú kànshàngqu xiàng shì bówùguǎn.
이 건축은 보기에 박물관 같다.

他迎上前去，握住了对方的手。
Tā yíngshàng qián qu, wòzhù le duìfāng de shǒu.
그는 앞으로 향해 나가 상대방의 손을 잡았다.

3) 「上来」: 상달과 근접의 의미이며, 가능보어 형태로 표출한다. 더불어 형용
사 뒤에서는 발전의 의미를 나타낸다.
<交上来 제출하다.>　<赶上来 쫓아오다.>　<背不上来 외울 수 없다.>
<说不上来 말로 할 수 없다.>

他比我晚出发了十分钟，现在几乎追上来了。
Tā bǐ wǒ wǎn chūfā le shí fēn zhōng, xiànzài jīhū zhuīshànglai le.
그는 나보다 십 분 늦게 출발했는데 지금은 거의 다 따라왔다.

问题太难了，大家都答不上来。
Wèntí tài nán le, dàjiā dōu dá bu shànglai.
문제가 너무 어려워 모두 답해 내지 못했다.

4) 「下去」: 제거·진행·지속 및 형용사 뒤에서 상태가 악화됨을 나타낸다.
<说下去 말을 이어 가다.> <讲下去 말을 이어 가다.> <看下去 계속 보다.>
<瘦下去 계속 마르다.> <坏下去 나빠지다.> <拖延下去 시간을 끌다.>
<坚持下去 고수해 내려가다.> <学下去 배워 가다.> <冷下去 추워지다.>

这样日夜不停地干下去，你会生病的。
Zhèyàng rìyè bù tíng de gànxiàqu, nǐ huì shēng bìng de.
이렇게 밤낮을 가리지 않고 쉼 없이 일을 하면 너는 병이 날 것이다.

病情再恶化下去的话，恐怕就救不了了。
Bìngqíng zài èhuàxiàqu de huà, kǒngpà jiù jiù bu liǎo le.
병세가 더 악화된다면 어쩌면 구제될 수 없을 것이다.

5) 「下来」: 분리·해체 및 현재까지의 지속·정지·고정됨을 나타낸다.
<摘下来 따다.>　<脱下来 벗다.>　<留下来 남다.>　<剪下来 깎다.>
<传下来 전해 내려오다.>　<软下来 부드러워지다.>　<停下来 멈추다.>

<写下来 써 놓다.>　　<记下来 기록해 놓다.>　　<安静下来 조용해지다.>

<掉下来 떨어지다.>　　<录下来 녹음해 놓다.>　　<冷静下来 냉정해지다.>

<継承下来 계승하다.>

他用节省下来的钱买了一台电视机。

Tā yòng jiéshěngxiàlai de qián mǎi le yì tái diànshìjī.

그는 절약한 돈으로 텔레비전 한 대를 샀다.

静下来好好考虑一下。

Jìngxià xīn lai hǎohaor kǎolǜ yíxià.

마음을 가라앉히고 잘 고려해 보아라.

6) 「出去」: 화자의 관점에서 떠나가는 방향으로 동작이 실현됨을 나타낸다.

<租出去 임대되다.>　　<借出去 대출되다.>　　<卖出去 팔리다.>

<寄出去 부치다.>　　<搬出去 옮겨나가다.>　　<传出去 전해지다.>

这是公司的机密，传出去会成问题的。

Zhè shì gōngsī de jīmì, chuánchūqu huì chéng wèntí de.

이것은 회사의 기밀이니 전해져 나가면 문제가 생길 것이다.

租期满了，我们就搬出去了。

Zūqī mǎn le, wǒmen jiù bānchūqu le.

임대기간이 만료되어 우리는 이사 나갔다.

7) 「出来」: 완성 · 실현 · 제조 · 노출 · 표명 · 식별함을 나타낸다.

(1) 사물의 제조 · 실현 · 출현하기 시작하는 것을 나타낸다.

<生产出来 생산해 내다.>　<做出来 만들어 내다.>　<露出来 나타내다.>

<创造出来 창조해 내다.>　<漏出来 노출되다.>

我们已经把这篇文章翻译出来了。

Wǒmen yǐjīng bǎ zhè piān wénzhāng fānyìchūlai le.

우리는 이미 이 문장을 번역해 냈다.

他们把房子的式样设计出来了。
Tāmen bǎ fángzi de shìyàng shèjìchūlai le.
그들은 집 스타일을 설계해 냈다.

(2) 식별이나 분석·생각을 통해 알게 되는 것을 나타낸다.
　　＜想出来 생각해 내다.＞　＜说出来 말해 내다.＞　＜认出来 알아차리다.＞
　　＜猜出来 맞추다.＞　＜算出来 계산해 내다.＞　＜反映出来 반영이 되다.＞
　　＜看不出来 알아보지 못하다.＞　＜答不出来 대답해 내지 못하다.＞

他汉语说得很好，听不出来是个外国人。
Tā Hànyǔ shuō de hěn hǎo, tīng bu chūlai shì ge wàiguórén.
그는 중국어를 잘하는데 외국인으로 들리지 않는다.

这一对双胞胎长得太像了，分不出谁是谁来。
Zhè yí duì shuāngbāotāi zhǎng de tài xiàng le, fēn bu chū shéi shì shéi lai.
이 쌍둥이 한 쌍은 생긴 것이 너무 닮아 누가 누구인지 구별해 낼 수가 없다.

这么难的问题，不一定能回答出来。
Zhème nán de wèntí, bù yídìng néng huídáchūlai.
이렇게 어려운 문제는 대답해 내지 못할 수 있다.

8)「过去」: 반전·전환 및 비정상적인 상황으로 변하거나, 초과 또는 능가함을
　　나타낸다.
　　＜转过去 돌다.＞ ＜翻过去 뒤집다.＞ ＜晕过去 기절하다.＞ ＜跑过去 뛰어가다.＞
　　＜昏迷过去 혼돈해지다.＞ ＜睡过去 잠이 들다.＞ ＜骗过去 속아 버리다.＞

累了一天，一躺下很快就睡过去了。
Lèi le yì tiān, yì tǎng xià hěn kuài jiù shuìguòqu le.
하루 종일 힘이 들어 눕자마자 바로 잠이 들었다.

翻过来，翻过去，怎么也找不到满意的图样。
Fānguòlai, fānguòqu, zěnme yě zhǎo bu dào mǎnyì de túyàng.
이리저리 뒤지나 아무리해도 마음에 드는 모양을 찾을 수 없다.

9) 「过来」: 전환·환원·회복 및 가능보어 형태로 감당·주도를 나타낸다.

    <改过来 고치다.>   <(苏)醒过来 깨어나다.>   <反过来 뒤집다.>

    <活过来 살아나다.>   <救过来 구해 내다.>   <跑过来 뛰어오다.>

    <转过来 돌리다.>   <恢复过来 회복되다.>   <数不过来 셀 수 없다.>

    <忙不过来 감당 못할 정도로 바쁘다.>   <照顾不过来 돌볼 능력이 없다.>

大家把本子上的错字改过来。
Dàjiā bǎ běnzi shang de cuòzì gǎiguòlai.
여러분은 공책에 있는 틀린 글자를 고치세요.

他在床上躺了二十个小时才醒过来了。
Tā zài chuáng shang tǎng le èrshí ge xiǎoshí cái xǐngguòlai le.
그는 침대에 20시간이나 누워 있다가 겨우 깨어났다.

10) 「起来」와 「下去」의 용법 비교

  (1) 「起来」는 동작이 시작되어 진행됨을 나타내며 "진행"에 중점을 둔다.
「下去」는 동작이나 상황이 이미 진행 중이며 "계속"을 강조한다.

  (2) 「起来」는 주로 적극적인 의미의 형용사에 쓰인다.
「下去」는 소극적인 의미의 형용사에 쓰인다.

这个计划既然已经搞起来了, 就要坚持搞下去。
Zhè ge jìhuà jìrán yǐjīng gǎoqǐlai le, jiù yào jiānchí gǎoxiàqu.
이 계획을 기왕에 이미 시작 했다면 의지를 가지고 해 내려가야 한다.

他的病一天天好起来, 不会再坏下去了。
Tā de bìng yì tiāntiān hǎoqǐlai, bú huì zài huàixiàqu le.
그의 병은 나날이 좋아지기 시작하여 더 이상 나빠지지 않을 것이다.

1. 他开心地笑起来了。
   Tā kāixīn de xiàoqǐlai le.

   그는 기뻐서 웃기 시작했다.

2. 不用的东西都收起来吧。
   Búyòng de dōngxi dōu shōuqǐlai ba.

   쓰지 않는 물건은 다 거둬드려다.

3. 看起来事情不会那么顺利的。
   Kànqǐlai shìqing bú huì nàme shùnlì de.

   보기에 일은 그리 순조롭지 못할 것이다.

4. 天气再冷下去，就不能在室外活动了。
   Tiānqì zài lěngxiàqu, jiù bù néng zài shìwài huódòng le.

   날씨가 더 추워지면 실외에서 활동할 수가 없다.

5. 把这两个数字加起来吧。
   Bǎ zhè liǎng ge shùzì jiāqǐlai ba.

   이 두 개의 수를 더해라.

6. 孩子健康地成长起来了。
   Háizi jiànkāng de chéngzhǎngqǐlai le.

   아이는 건강하게 성장했다.

7. 尽管减肥很艰难，可是他一直坚持下来了。
   Jǐnguǎn jiǎnféi hěn jiānnán, kěshì tā yìzhí jiānchíxiàlai le.

   비록 다이어트가 어렵지만 그래도 그는 줄곧 고집하여 해 내려간다.

8. 把这朵花也画上去吧。
   Bǎ zhè duǒ huā yě huàshàngqu ba.

   이 꽃도 그려 넣어라.

9. 你要的房间，上个月已经租出去了。
   Nǐ yào de fángjiān, shàng ge yuè yǐjīng zūchūqu le.

   당신이 원하는 그 방은 지난달에 이미 임대해 버렸다.

10. 病人好几次都晕了过去。
    Bìngrén hǎo jǐ cì dōu yūn le guòqu.

    환자는 여러 차례 기절해 버렸다.

1. 演讲完了，大家就鼓起掌来了。
   Yǎnjiǎngwán le, dàjiā jiù gǔqǐ zhǎng lai le.

   _______________________________ .

2. 我们大家团结起来吧。
   Wǒmen dàjiā tuánjiéqǐlai ba.

   _______________________________ .

3. 算起来，我搬到这儿来也有十年了。
   Suànqǐlai, wǒ bāndào zhèr lái yě yǒu shí nián le.

   _______________________________ .

4. 这个故事真有趣，继续说下去吧。
   Zhè ge gùshi zhēn yǒuqù, jìxù shuōxiàqu ba.

   _______________________________ .

5. 究竟为什么，我也说不上来。
   Jiūjìng wèishénme, wǒ yě shuō bu shànglai.

   _______________________________ .

6. 把电话号码记下来了。
   Bǎ diànhuà hàomǎ jìxiàlai le.

   _______________________________ .

7. 他把报纸上登的招聘广告剪下来了。
   Tā bǎ bàozhǐ shang dēng de zhāopìn guǎnggào jiǎnxiàlai le.

   _______________________________ .

8. 不够的工资，下个月再给你补上去。
   Bú gòu de gōngzī, xià ge yuè zài gěi nǐ bǔshàngqu.

   _______________________________ .

9. 请你帮帮忙，我一个人忙不过来。
   Qǐng nǐ bāngbang máng, wǒ yí ge rén máng bu guòlai.

   _______________________________ .

10. 他一句话都没说完车子就开走了。
    Tā yí jù huà dōu méi shuōwán chēzi jiù kāizǒu le.

    _______________________________ .

1. 샤우란은 천천히 나와 이야기하기 시작했다.

   ____ .

2. 판매원은 내가 산 선물을 싸기 시작했다.

   ____ .

3. 이렇게 끌어 버리면 좋은 결과가 없을 것이다.

   ____

4. 이 선생은 벽에 있는 달력 한 장을 찢어 버렸다.

   ____

5. 나는 그 시를 몇 번 읽고 바로 외워 버렸다.

   ____ .

6. 당신이 말한 그 일을 나는 막 생각났다.

   ____

7. 외투를 벗어서 옷걸이에 걸다.

   ____ .

8. 이 공장은 또 신상품을 만들어 냈다.

   ____ .

9. 그 편지는 부쳐 버려 지금은 회수할 수가 없다.

   ____ .

10. 그는 그 나쁜 습관을 고쳤다.

    ____ .

第17课

我不是给你了吗? 내가 주지 않았습니까?

반어문 I

「不是……吗?」

「没……吗?」

「……不……, 의문사~?」

「还不＋동사＋吗?」

「能不＋동사/형용사＋吗?」

「不就＋동사/형용사＋了＋吗?」

「谁＋동사?」

「怎么＋能/会……呢?」

「怎么＋동사?」

「哪儿/哪里＋동사?」

「有什么＋동사/형용사＋的/呢/吗?」

「……什么?」

「哪(里)能……?」

「能行吗?」

「什么时候＋동사/형용사＋的?」

「哪有＋这/那＋동사/형용사＋的(呢)?」

「还能干什么?」

「有＋这样/那样＋동사/형용사＋的吗?」

반어문 I 의문문의 형태를 수사적으로 이용해 실제는 의문이 아니고 표현과 반대되는 진의를 강조하는 문장을 반어문이라고 한다. 부정 형식으로 긍정의 의미를 강조하고, 긍정 형식으로 부정의 의미를 강조한다.

一. 부정의문문을 사용한 반어문 형식

1. 「不是……吗?」

   "～가 아닙니까?"(～이다.)

   他不是喜欢跳舞吗?
   Tā bú shì xǐhuan tiàowǔ ma?
   그는 춤추는 걸 좋아하지 않나요?(좋아한다.)

2. 「没……吗?」

   "～하지 않았습니까?"(～했다.)

   我没给你吗? 怎么又丢了。
   Wǒ méi gěi nǐ ma? zěnme yòu diū le.
   내가 당신에게 주지 않았어요? 어찌 또 잃어버렸어요?(줬다.)

3. 「……不……, 의문사~?」

   "～아니면, ～?"

   这也不行, 那也不行, 到底要怎么样?
   Zhè yě bù xíng, nā yě bù xíng, dàodǐ yào zěnmeyàng?
   이것도 안 되고, 저것도 안 된다면 도대체 어떻게 하자는 거니?(그냥 해라.)

4. 「还不＋동사＋吗?」

   "아직도 ～하지 않는가?"(충분히 ～하다.)

   学了这么多年的英语, 你还不会说吗?
   Xué le zhème duō nián de yīngyǔ, nǐ hái bú huì shuō ma?
   이렇게 여러 해 영어를 배웠는데, 당신은 아직도 할 줄 모르나요?(할 줄 알아야 한다.)

5. 「能不＋동사/형용사＋吗?」

"~하지 않을 수 있는가?"(당연히 ~하다.)

我得了第一名, 能不高兴吗?

Wǒ dé le dì yī míng, néng bù gāoxìng ma?

내가 일등을 했는데 기쁘지 않을 수 있겠어요?(기쁘다.)

6. 「不就＋동사/형용사＋了＋吗?」

"~하면 되지 않겠니?"

向他道个歉不就行了吗?

Xiàng tā dào ge qiàn bú jiù xíng le ma?

그 사람에게 사과를 하면 되지 않겠습니까?

二. 의문문을 사용한 반어문 형식

1. 「谁＋동사?」

"누가 ~하나?"(아무도 없다.)

那么危险的地方谁敢去!

Nàme wēixiǎn de dìfang shéi gǎn qù!

그리 위험한 지역에 누가 감히 가려고 하겠어요?(아무도 갈 사람이 없다.)

2. 「怎么＋能/会……呢?」

"어떻게 ~을 할 수 있나?"(그럴 수 없다.)

北京站人那么多, 怎么能找得到你呢?

Běijīngzhàn rén nàme duō, zěnme néng zhǎo de dào nǐ ne?

베이징 역에 그렇게 사람이 많은데, 어떻게 너를 찾을 수 있겠어?(찾을 수 없다.)

3. 「怎么＋동사?」

"어떻게 ~한가?"(어떻게 해도 ~할 수 없다.)

我亲眼看见的, 我怎么不知道?

Wǒ qīnyǎn kànjiàn de, wǒ zěnme bù zhīdao?

내 눈으로 직접 보았는데, 내가 어찌 모르겠습니까?(나는 안다.)

4. 「哪儿/哪里＋동사?」

   "어디(에, 가) ～있나?"(없다. 아니다.)

   我哪儿知道他出差了?
   Wǒ nǎr zhīdao tā chūchāi le?

   그가 출장 간 것을 내가 어디 알겠는가?(알 수 없다.)

5. 「有什么＋동사/형용사＋的/呢/吗?」

   "뭐가 ～한다는 건가?"(그리 ～한 것은 없다.)

   他说要去看棒球赛, 棒球比赛有什么好看的!
   Tā shuō yào qù kàn bàngqiú sài, bàngqiú bǐsài yǒu shénme hǎo kàn de!

   그는 야구 시합을 보러 간다고 말하는데, 야구 시합이 무엇이 보기 좋아.(야구는 재미없다.)

6. 「……什么?」

   "뭐가 ～한다는 건가?"(하지 마라. 할 필요 없다.)

   急什么, 还有半个小时才开车呢?
   Jí shénme, hái yǒu bàn ge xiǎoshí cái kāichē ne?

   뭐가 급해, 반시간은 더 있어야 비로소 차가 출발한다.(급할 필요가 없다.)

7. 「哪(里)能……?」

   "어디에 ～할 수 있습니까?"(할 수 없다. 해야 한다.)

   他是个歌星, 我哪能比得了他呀?
   Tā shì ge gēxīng, wǒ nǎ néng bǐ de liǎo tā ya?

   그는 가수인데 내가 어떻게 그와 견줄 수 있겠는가?

8. 「能行吗?」

   "가능하겠습니까?"(불가능하다. 안 된다.)

   才1000多块钱的薪水, 不省吃俭用, 能行吗?
   Cái yī qiān duō kuài qián de xīnshuǐ, bù shěngchī jiǎnyòng, néng xíng ma?

   겨우 1000여 원의 월급으로 아껴 쓰지 않으면 되겠어?(절약하지 않으면 안 된다.)

9. 「什么时候＋동사/형용사＋的?」

   "언제 ～했는가?"(그런 적 없다.)

我什么时候说过这种话?

Wǒ shénme shíhou shuōguo zhè zhǒng huà?

내가 언제 이런 말을 했었는가?

10. 「哪有＋这/那＋동사/형용사＋的(呢)?」

"어디에 이런 ～이 있겠어요?"(어디든 없다.)

哪有这么轻松的工作呢?

Nǎ yǒu zhème qīngsōng de gōngzuò ne?

어디에 이런 편한 직업이 있겠어요?

11. 「还能干什么?」

"뭘 할 수 있겠어?"(아무것도 할 수 없다.)

只给我一个小时，还能干什么?

Zhǐ gěi wǒ yí ge xiǎoshí, hái néng gàn shénme?

한 시간밖에 주지 않았는데, 뭘 할 수 있겠어?

12. 「有＋这样/那样＋동사/형용사＋的吗?」

"～한 것이 있는가?"(～한 것은 없다.)

有这样不守信用的人吗?

Yǒu zhèyàng bù shǒu xìnyòng de rén ma?

이렇게 신용을 지키지 않는 사람도 있는가?

1. 我们不是已经约好了吗?
   Wǒmen bú shì yǐjīng yuē hǎo le ma?
   우리 벌써 약속된 것이 아니었습니까?(약속했다.)

2. 你没看见外面刮大风吗?
   Nǐ méi kànjiàn wàimian guā dàfēng ma?
   밖에 큰바람이 부는 것을 당신은 보지 못했습니까?(봤어야 했다.)

3. 你不知道, 谁知道?
   Nǐ bù zhīdao, shéi zhīdao?
   당신이 모르면 누가 압니까?(당연히 알고 있어야 한다.)

4. 这么好的条件, 还不满意?
   Zhème hǎo de tiáojiàn, hái bù mǎnyì?
   이리 좋은 조건을 아직도 만족하지 못하니?(만족해야 한다.)

5. 谁知道将来他会变成什么样。
   Shéi zhīdao jiānglái tā huì biànchéng shénme yàng.
   장래에 그가 어떤 모습으로 변할지 누가 알겠어?(아무도 모른다.)

6. 今天才星期三呀, 小宋怎么能回得来?
   Jīntiān cái xīngqīsān ya, Xiǎo Sòng zěnme néng huí de lái?
   오늘은 겨우 수요일인데 샤우쏭은 어떻게 돌아올 수 있겠니?(아직 올 수 없다.)

7. 这么难的内容我怎么明白。
   Zhème nán de nèiróng wǒ zěnme míngbai.
   이리 어려운 내용을 내가 어떻게 이해하겠어.(이해 못한다.)

8. 哭什么? = 哭什么哭?
   Kū shénme?
   울긴 왜 울어?(울 것 없다.)

9. 我哪儿有时间啊?
   Wǒ nǎr yǒu shíjiān a?
   내가 어디에 시간이 있습니까?(시간이 없다.)

10. 当明星有什么了不起的!
    Dāng míngxīng yǒu shénme liǎo bu qǐ de!
    배우 하는 것이 무엇이 대단해!(대단할 것 없다.)

1. 你明年就要毕业了，不是吗?

   Nǐ míngnián jiùyào bìyè le, bú shì ma?

   _______________________________________ .

2. 你没听到电话铃响了吗?

   Nǐ méi tīngdào diànhuà líng xiǎng le ma?

   _______________________________________ .

3. 这个也不吃，那你想吃什么?

   Zhè ge yě bù chī, nà nǐ xiǎng chī shénme?

   _______________________________________ .

4. 后天他来这儿，能不高兴吗?

   Hòutiān tā lái zhèr, néng bù gāoxìng ma?

   _______________________________________ .

5. 我不想再见他，我和他之间还有什么好谈的。

   Wǒ bù xiǎng zài jiàn tā, wǒ hé tā zhījiān hái yǒu shénme hǎo tán de.

   _______________________________________ .

6. 这些钱能买什么呀?

   Zhèxiē qián néng mǎi shénme ya?

   _______________________________________ .

7. 我自己家里的事情，我怎么不知道。

   Wǒ zìjǐ jiā li de shìqing, wǒ zěnme bù zhīdao.

   _______________________________________ .

8. 这哪儿是我喜欢吃的菜呀?

   Zhè nǎr shì wǒ xǐhuan chī de cài ya?

   _______________________________________ .

9. 还看什么，她已经走了。

   Hái kàn shénme, tā yǐjīng zǒu le.

   _______________________________________ .

10. 这么小的事，有什么难过的!

   Zhème xiǎo de shì, yǒu shénme nánguò de.

   _______________________________________ .

1. 내가 당신에게 주지 않았습니까?(줬다.)

   _______________________________________ .

2. 내가 당신에게 말하지 않았습니까?(말했다.)

   _______________________________________ .

3. 지금 말하지 않으면 언제 말하겠니?(지금 말해야 한다.)

   _______________________________________ .

4. 누가 그의 이름을 모르겠어.(모두 다 안다.)

   _______________________________________ .

5. 그가 무엇을 생각하고 있는지 내가 어떻게 압니까?(모른다.)

   _______________________________________ .

6. 무엇을 웃어?(웃을 것이 없다.)

   _______________________________________ .

7. 이 구절이 뭐가 어렵습니까?(쉽다.)

   _______________________________________ .

8. 그가 어디 너의 맞수가 되겠니?(될 수 없다.)

   _______________________________________ .

9. 미국이 뭐가 좋아?(좋을 것 없다.)

   _______________________________________ .

10. 내가 이렇게 말하는 것이 뭐가 틀렸어?(틀리지 않다.)

   _______________________________________ .

第18课

我什么时候答应过你？ 내가 언제 당신에게 승낙한 적이 있습니까？

반어문 Ⅱ

「难道……吗/不成?」

「何况……?」

「何必……呢?」

「那(这)还用说?」

「不就是……?」

「还……?」

반어문 Ⅱ

三. 부사를 사용한 반어문 형식

1. 「难道……吗/不成?」: "설마 ～하겠습니까?"(～하지는 않다.)

   难道这点小事儿都管不着吗?

   Nándào zhè diǎn xiǎo shìr dōu guǎn bù zháo ma?

   설마 이런 작은 일도 관여할 수 없습니까?

2. 「何况……?」: "하물며……?", "더군다나……?"

   平时公园里就很热闹, 何况国庆节?

   Píngshí gōngyuán lǐ jiù hěn rènào, hékuàng guóqìngjié?

   평소에도 공원에는 떠들썩한데 하물며 국경일에는?(더 하지 않겠습니까?)

3. 「何必……呢?」: "～할 필요가 있겠는가?"(할 필요 없다.)

   他不过是纸老虎而已, 何必担心呢?

   Tā búguò shì zhǐ lǎohǔ éryǐ, hébì dānxīn ne?

   그는 단지 종이호랑이일 뿐인데 걱정할 필요가 있습니까?(필요 없다.)

4. 「那(这)还用说?」: "더 말할 필요 있겠어?"(필요 없다.)

   A: **你打算参加吗?**

   Nǐ dǎsuàn cānjiā ma?

   너는 참가할 예정이니?

   B: **那还用说。**

   Nà hái yòng shuō.

   말할 필요 있어.(말할 필요 없이 참가한다.)

5. 「不就是……?」: "~일 뿐 아닙니까?"(대단할 것 없다.)

不就是两个小时吗? 连这点儿时间都等不了吗?
Bú jiùshì liǎng ge xiǎoshí ma? lián zhè diǎnr shíjiān dōu děng bu liǎo ma?
두 시간일 뿐이잖아? 이런 적은 시간조차도 기다릴 수 없다고?

6. 「还……?」: "~조차도~?"

这点儿风还怕什么?
Zhè diǎnr fēng hái pà shénme?
이 조그마한 바람조차도 두렵다고?

1. 已成习惯了，哪里能一下子改过来?
   Yǐ chéng xíguàn le, nǎli néng yíxiàzi gǎiguòlai.

   이미 습관이 되었는데, 어디 갑자기 고칠 수가 있겠습니까?(없다.)

2. 我什么时候答应过你?
   Wǒ shénme shíhou dāying guo nǐ?

   내가 언제 당신에게 승낙한 적이 있습니까?(없다.)

3. 谁说的，哪有这种道理?
   Shéi shuō de, nǎ yǒu zhèzhǒng dàoli?

   누가 말했어. 이런 이치가 어디에 있어?(없다.)

4. 难道就这样结束了不成?
   Nándào jiù zhèyàng jiéshù le bùchéng?

   설마 이런 식으로 끝내는 것은 아니겠지?(끝내기 아쉽다.)

5. 有他那么懒的人吗?
   Yǒu tā nàme lǎn de rén ma?

   어디 그런 게으른 사람이 있습니까?(있을 수 없다.)

6. 这种问题连专家都不能解决，何况一个不了解情况的人呢?
   Zhè zhǒng wèntí lián zhuānjiā dōu bù néng jiějué, hékuàng yí ge bù liǎojiě qíngkuàng de rén ne?

   이런 문제는 전문가조차도 해결할 수 없는데 하물며 상황을 이해하지 못하는 사람에게는
   더 하지 않겠어?(더 해결하기 힘들다.)

7. 为这么点儿小事，何必生气呢?
   Wéi zhème diǎnr xiǎo shì, hébì shēngqì ne?

   이런 작은 일 때문에 화낼 필요가 있니?

8. 何必这么早来呢? 时间还多的是。
   Hébì zhème zǎo lái ne? shíjiān hái duō de shì.

   이렇게 일찍 올 필요가 있겠어? 시간은 얼마든지 있는데.(일찍 올 필요 없다.)

9. 一看就知道他是中国人，那还用说?
   Yí kàn jiù zhīdao tā shì Zhōngguó rén, nà hái yòng shuō?

   보면 바로 그가 중국인인 것을 아는데 더 말할 필요가 있니?(말할 필요 없다.)

10. 不听老师的话，还听谁的话?
    Bù tīng lǎoshī de huà, hái tīng shéi de huà?

    선생님의 말을 듣지 않으면 누구의 말을 들어.(선생님의 말은 들어야 한다.)

1. 不劳动，哪里能期待收获?
   Bù láodòng, nǎli néng qīdài shōuhuò?

   ___________________________________ .

2. 我哪能比得了他呀?
   Wǒ nǎ néng bǐ de liǎo tā ya?

   ___________________________________ .

3. 你要说清楚点儿，我什么时候打瞌睡了?
   Nǐ yào shuō qīngchu diǎnr, wǒ shénme shíhou dǎ kēshuì le?

   ___________________________________ .

4. 天下哪有那么便宜的事儿..
   Tiān xià nǎ yǒu nàme piányi de shìr.

   ___________________________________ .

5. 他是个歌星，不唱歌还能干什么?
   Tā shì ge gēxīng, bú chànggē hái néng gàn shénme?

   ___________________________________ .

6. 不就是十块嘛，还贵什么?
   Bú jiùshì shí kuài ma, hái guì shénme?

   ___________________________________ .

7. 有你这样说话的人吗?
   Yǒu nǐ zhèyàng shuōhuà de rén ma?

   ___________________________________ .

8. 这么容易的事，你难道不懂吗?
   Zhème róngyì de shì, nǐ nándào bù dǒng ma?

   ___________________________________ .

9. 他在家里都不唱歌，何况在大众面前呢?
   Tā zài jiā li dōu bú chànggē, hékuàng zài dàzhòng miànqián ne?

   ___________________________________ .

10. 三百块钱还嫌贵吗?
    Sān bǎi kuài qián hái xián guì ma?

    ___________________________________ .

1. 아이가 어떻게 아버지의 말을 듣지 않을 수가 있는가?(당연히 들어야 한다.)

   ___________________________________ .

2. 어디 이런 예의 없는 사람이 있는가?(없다.)

   ___________________________________ .

3. 어디에 이런 이상한 일이 일을 수 있을까?(있을 수 없다.)

   ___________________________________ .

4. 이렇게 많은 음식을 먹었는데, 아직 배가 고프다고?(고프지 않을 것이다.)

   ___________________________________ .

5. 설마 내가 꿈을 꾸고 있는 것인가?(꿈이 아니다.)

   ___________________________________ .

6. 이렇게 진지할 필요가 있니? 단지 장난친 것뿐인데.(정색할 일 아니다.)

   ___________________________________ .

7. 이것 더 물어볼 필요가 있어? 안 되는 것은 안 되는 것이다.(물어볼 필요 없다.)

   ___________________________________ .

8. 더 말할 필요가 있니? 그는 일본에서 10년을 있었으니 일어를 당연히 잘한다.

   ___________________________________ .

9. 택시를 한 번 탄 것뿐이잖아?(문제시될 것 없다.)

   ___________________________________ .

10. 너도 옮길 수 없는데, 하물며 나는?(나는 옮길 힘이 더 없다.)

    ___________________________________ .

第19课

他的家乡是一个美丽而富饶的地方。　그의　고향은　아름답고　풍요로운
곳이다.

접속사

접속사 의미:

병렬관계를 나타낸다.　　　　취사선택의 의미를 나타낸다.
연속의 의미를 나타낸다.　　　열거의 의미를 나타낸다.
원인과 결과를 나타낸다.
가정을 나타낸다.
전환관계를 나타낸다.
점층관계를 나타낸다.
조건관계를 나타낸다.
목적을 나타낸다.

접속사 접속사는 단어·구·단문·복문을 연결할 때 사용하는 허사이며, 일부 부사도 접속역할을 하여 복문을 연결하기도 한다. 중국의 어법 용어로 연사(连词)라고 한다.

一. 접속사 종류

1. 단어나 짧은 구를 연결하는 접속사
   <和, 跟, 同, 与, 及, 或>
2. 단문이나 복문만 연결할 수 있는 접속사
   <接着, 于是, 然而, 因为, 所以, 因此, 因而, 既然, 由于, 虽然, 至于, 尽管, 但是, 可是, 不过, 否则, 不然, 不料>
3. 단어나 구뿐만 아니라, 문장이나 복문에 연결할 수 있는 접속사
   <并, 并且, 而, 而且, 或者, 还是>

二. 접속사의 의미

1. 병렬관계

   <和 ~과 ~>   <跟 ~와 ~>   <同 ~와 함께>   <与 ~과 ~>
   <而 그리하여>   <以及 그리고>   <并且 또한>

参加校庆的有领导, 有科学家, 以及各校代表。
Cānjiā xiàoqìng de yǒu lǐngdǎo, yǒu kēxuéjiā, yǐjí gè xiào dàibiǎo.
개교기념일을 참가하는 사람은 지도자, 과학자, 그리고 각 학교 대표가 있다.

2. 연속의 의미

   <接着 이어서> <于是 그리하여 ~> <然而 그러나> <然后 그 연후에>

校长演说完了以后，接着给学生颁了奖。

Xiàozhǎng yǎnshuō wán le yǐhòu, jiēzhe gěi xuésheng bān le jiǎng.

교장은 연설을 마친 후 이어서 학생에게 상을 수여했다.

爸爸不断地鼓励我，于是我又恢夏了信心。

Bàba búduàn de gǔlì wǒ, yúshì wǒ yòu huīfù le xìnxīn.

아버지는 끊임없이 나를 격려해 주셔서 그리하여 나는 자신감을 다시 회복했다.

经过了充分的讨论，于是问题很快解决了。

Jīngguò le chōngfēn de tǎolùn, yúshì wèntí hěn kuài jiějué le.

충분한 토론을 거치고 나서야 문제가 빠르게 해결되었다.

3. 원인과 결과를 나타낸다.

<因为 ~ 때문에> <所以 그래서> <因此 그리하여> <因而 그리하여>

<既然 기왕에>　<由于 ~ 때문에>　<以致 그리하여 ~ 이르다.>

由于缺少严格的管理，以致造成品质不高的现象。

Yóuyú quēshǎo yángé de guǎnlǐ, yǐzhì zàochéng pǐnzhì bù gāo de xiànxiàng.

엄격한 관리가 부족했기 때문에 품질이 높지 않은 현상이 조성되었다.

他这个人说话太直接了，因而得罪了不少人。

Tā zhè ge rén shuōhuà tài zhíjiē le, yīnér dézuì le bù shǎo rén.

그 사람은 말이 너무 직설적이어서 적지 않은 사람으로부터 미움을 샀다.

4. 가정을 나타낸다.

<要是(……的话) 만일 ~하다면>　<要不是 ~이 아니라면>

<如果 만약 ~하다면> <就是 설령 ~할지라도> <假如 만약 ~하다면>

<即使 비록 ~할지라도>　<要不然 그렇지 않으면 ~>

即使是同一个蛋，从不同的角度看它，形状便也不相同。

Jíshǐ shì tóng yí ge dàn, cóng bù tóng de jiǎodù kàn tā, xíngzhuàng biàn yě bù xiāngtóng.

설령 동일한 계란일지라도 다른 각도에서 본다면 모양이 같지 않다.

这件事太复杂了，别说我们外行人，即使是专家也不容易解决。

Zhè jiàn shì tài fùzá le, bié shuō wǒmen wàiháng rén, jíshǐ shì zhuānjiā yě bù róngyì jiějué.

이번 일은 매우 복잡하여 외부인은 말할 것도 없고, 설령 전문가라도 해결하기가 쉽지 않다.

要是爱吃，就多吃一点儿吧，别太客气了。
Yàoshi ài chī, jiù duō chī yìdiǎnr ba, bié tài kè qi le.
맛있으면 많이 먹어라. 사양하지 말고.

5. 전환관계

<虽然 비록>　<否则 그렇지 않으면~>　<不然 그렇지 않으면~>

<不料 뜻밖에>　<固然 비록>　<反而 오히려>　<却 도리어>

<尽管 비록>　<可是, 但是, 不过 그러나>

你最好马上跟他联系，否则他会着急的。
Nǐ zuìhǎo mǎshàng gēn tā liánxì, fǒuzé tā huì zháojí de.
너는 바로 그와 연락하는 것이 좋겠다. 그렇지 않으면 그는 초조해할 것이다.

他对老师的态度很没有礼貌，老师却一点儿也不生气。
Tā duì lǎoshī de tàidù hěn méiyǒu lǐmào, lǎoshī què yìdiǎnr yě bù shēngqì.
선생님에 대한 그의 태도가 매우 예의가 없는데, 선생님은 도리어 조금도 화를 내지 않
으신다.

6. 점층관계

<况且 더욱이>　<而且 게다가 ~하다.>　<至于 ~으로 말하면>

<甚至 심지어>　<尚且 ~조차도 ~인데>　<何况 하물며>

这只是我个人的意见，至于是否恰当，请各位再讨论一下。
Zhè zhǐshì wǒ gèrén de yìjian, zhìyú shìfǒu qiàdàng, qǐng gèwèi zài tǎolùn yíxià.
이는 단지 내 개인의 의견일 뿐이지 적당한지 여부에 있어서는 여러분께서는 다시 한
번 토론해 주세요.

他非常聪明，而且还很用功。
Tā fēicháng cōngmíng, érqiě hái hěn yònggōng.
그는 매우 총명하기도 하면서 공부도 열심히 한다.

7. 조건관계

<只要 ~ 있다면>　<只有 ~ 있어야만이>　<除非 ~가 아니면>

<不管 관계없이>　<无论 ~ 막론하고>　<凡是 무릇>

<无论如何 어쨌든 간에, 어떻게 해서든지>

凡是贪污的人，都应该受到处罚。

Fánshì tānwū de rén, dōu yīnggāi shòudào chǔfá.

무릇 탐욕스러운 사람은 모두 처벌을 받아야 한다.

这件事无论如何也不要告诉妈妈。

Zhè jiàn shì wúlùnrúhé yě bú yào gàosu māma.

이 일은 어쨌든 간에 엄마에게 말하지 마라.

8. 목적을 나타낸다.

<为了…… ~하기 위해>　　<省得, 以免, 免得 ~하지 않도록>

<以便 ~하기 위해>　　<……, 为的是…… ~는 ~하기 위해서이다.>

<为…… ~위하여>

材料都带了吗? 免得白跑一趟。

Cáiliào dōu dài le ma? miǎnde bái pǎo yí tàng.

재료는 다 가지고 있습니까? 괜히 허탕 치지 말아야 합니다.

多穿点儿衣服, 省得感冒。

Duō chuān diǎnr yīfu, shěngde gǎnmào.

감기 걸리지 않도록 옷을 많이 입어라.

你最好叫醒他, 免得睡过头。

Nǐ zuìhǎo jiàoxǐng tā, miǎnde shuì guò tóu.

너는 그를 깨우는 것이 좋을 듯싶다. (늦잠을)자 버리지 않도록 하기 위해서이다.

他为美好的未来, 而拼命学习。

Tā wèi měihǎo de wèilái, ér pīnmìng xuéxí.

나는 아름다운 미래를 위하여 필사적으로 공부한다.

为了提高汉语水平, 我经常跟中国人谈话。

Wèile tígāo Hànyǔ shuǐpíng, wǒ jīngcháng gēn Zhōngguórén tánhuà.

중국어 수준을 높이기 위해 나는 자주 중국인을 만나 이야기를 나눈다.

为了准备考试, 这一课从头到尾读了三遍。

Wèile zhǔnbèi kǎoshì, zhè yi kè cóng tóu dào wěi dú le sān biàn.

시험 치기 위해 이 과를 처음부터 끝까지 3번 읽었다.

9. 취사선택의 의미

<或 혹>　　<或者 혹은>　　<与其 ~하느니>　　<还是 차라리 ~>

<宁可, 宁愿, 宁肯 차라리 ~할지언정>

与其在这儿等车，不如慢慢走回去。

Yǔqí zài zhèr děng chē, bùrú mànman zǒuhuíqu.

여기서 차를 기다리느니 차라리 천천히 걸어 돌아가는 것이 낫다.

10. 열거의 의미

<例如, 比如, 比方 예를 들어>

凡事开头难，比如孩子学步，初学外语。

Fánshì kāitóu nán, bǐrú háizi xuébù, chū xué wàiyǔ.

범사에 시작이 어렵다. 예를 들어 아이가 걸음마를 배우고, 처음 외국어를 배우는 것처럼.

1. 他的家乡是一个美丽而富饶的地方。
   Tā de jiāxiāng shì yí ge měilì ér fùráo de dìfang.

   그의 고향은 아름답고 풍요로운 곳이다.

2. 大家都说这款车很不错，于是我也买了一辆。
   Dàjiā dōu shuō zhè kuǎn chē hěn bú cuò, yúshì wǒ yě mǎi le yí liàng.

   모두 이런 스타일의 차가 좋다기에 나도 한 대 샀다.

3. 教育问题既然是个社会问题，就需要国民共同解决。
   Jiàoyù wèntí jìrán shì ge shèhuì wèntí, jiù xūyào guómín gòngtóng jiějué.

   교육문제가 기왕에 사회문제라면 국민들이 함께 해결할 필요가 있습니다.

4. 虽然他同意了，但是我们还不能接受。
   Suīrán tā tóngyì le, dànshì wǒmen hái bù néng jiēshòu.

   비록 그가 동의를 했지만 그러나 우리는 아직 받아들일 수 없다.

5. 药固然可以治病，但是也会产生副作用。
   Yào gùrán kěyǐ zhì bìng, dànshì yě huì chǎnshēng fùzuòyòng.

   약은 비록 병을 치료할 수 있지만 그러나 부작용도 생길 수 있다.

6. 他有多方面的爱好，比方说打乒乓球、摄影、绘画等。
   Tā yǒu duō fāngmian de àihào, bǐfāng shuō dǎ pīngpāng qiú、shèyǐng、huìhuà děng.

   그는 다방면에 취미가 있다. 예를 들어 말하면 탁구하기, 촬영, 그림 그리기 등이 있다.

7. 意思要说明白，以免别人误会。
   Yìsī yào shuō míngbai, yǐmiǎn biérén wùhuì.

   뜻을 분명히 말해야 한다. 다른 사람의 오해를 면하기 위해서이다.

8. 北方现在还是冰天雪地，而南方早已开花了。
   Běifāng xiànzài háishì bīng tiān xuě dì, ér nánfāng zǎo yǐ kāi huā le.

   북쪽은 지금 아직도 온통 어름과 눈이지만 그러나 남쪽은 이미 꽃이 피었다.

9. 我今晚有空，况且这件事很急，我一定办到。
   Wǒ jīnwǎn yǒukòng, kuàngqiě zhè jiàn shì hěn jí, wǒ yídìng bàndào.

   나는 오늘 시간이 있고 더욱이 이 일은 급하니 나는 꼭 처리하겠다.

10. 你比以前瘦了很多，是不是功课太累或者生活不习惯？
    Nǐ bǐ yǐqián shòu le hěn duō, shì bu shì gōngkè tài lèi huòzhe shēnghuó bù xíguàn?

    너는 이전보다 많이 말랐구나. 공부가 힘든 것이니? 혹은 생활에 적응이 되지 않는 것이니?

1. 她们俩是妈妈和女儿的关系。
   Tāmen liǎ shì māma hé nǚr de guānxi.

   ____

2. 我们当中他住得最远，然而他来得却最早。
   Wǒmen dāngzhōng tā zhù de zuì yuǎn, ránér tā lái de què zuì zǎo.

   ____

3. 你既然知道学习重要，就应该坚持下去。
   Nǐ jìrán zhīdao xuéxí zhòngyào, jiù yīnggāi jiānchíxiàqu.

   ____

4. 要不是汽车坏了，我们早就到了。
   Yàobushì qìchē huài le, wǒmen zǎo jiù dào le.

   ____

5. 要提高业务能力，不然就要落后人家了。
   Yào tígāo yèwù nénglì, bùrán jiùyào luòhòu rénjiā le.

   ____

6. 快把衣服穿上吧，要不然会着凉的。
   Kuài bǎ yīfu chuānshàng ba, yàoburán huì zháoliáng de.

   ____

7. 别为了那点儿小事发脾气。
   Bié wèile nà diǎnr xiǎoshì fā píqì.

   ____

8. 这孩子智力高，就是高等数学题也能做。
   Zhè háizi zhìlì gāo, jiùshì gāoděng shùxué tí yě néng zuò.

   ____

9. 影片的内容很简单，甚至只学过一年汉语的人都能听懂。
   Yǐngpiàn de nèiróng hěn jiǎndān, shènzhì zhǐ xuéguo yì nián Hànyǔ de rén dōu néng tīngdǒng.

   ____

10. 尽管他说得不对，你也应该让他说完。
    Jǐnguǎn tā shuō de bú duì, nǐ yě yīnggāi ràng tā shuōwán.

   ____

1. 장 선생님과 나는 다 쓰촨 사람이다.
   ____ .

2. 그는 자주 한 끼는 먹고 한 끼는 굶다 보니 위병이 났다.
   ____ .

3. 큰 비가 오기 때문에 야구 시합이 연기되었다.
   ____ .

4. 만약 네가 어려움이 있다면 나는 반드시 돕는다.
   ____ .

5. 그가 만약 이 소식을 알게 되면 분명히 기뻐할 것이다.
   ____ .

6. 그는 나의 친구이기도 하고 또한 생명의 은인이기도 하다.
   ____ .

7. 안전을 위해 나는 차라리 걸어가겠다.
   ____ .

8. 비록 모두가 그를 뽑았지만 그러나 개인마다 생각은 다 같은 것은 아니다.
   ____ .

9. 만약 가능하다면 나는 중국에 가서 사업을 하고 싶다.
   ____ .

10. 돈만 있으면 나는 유럽에 한번 가봐야겠다.
   ____ .

第20课

他忙得连吃饭的时间都没有。　그는 너무 바빠서 밥 먹을 시간조차 없다.

복문 Ⅰ

복문에 사용하는 접속사와 복문 유형;
　　병렬관계를 나타낸다.　　　　　　　전환관계를 나타낸다.
　　점층관계를 나타낸다.
　　선택관계를 나타낸다.
　　인계관계를 나타낸다.

복문 I 의미상 상관관계가 있는 두 개 또는 두 개 이상의 단문으로 이루어진 문장을 복문이라 하며, 부사, 접속사, 전치사 등이 복문의 앞 뒤 호응관계를 이루어 단문을 연결시켜 준다.

복문에 사용하는 접속사와 복문 유형

1. 병렬관계

사건이나 상황의 사실을 설명 또는 묘사할 때 쓰이며, 앞 문장과 뒤 문장은 평등관계를 이룬다.

「……, 也……」: "~하고 ~도 하다"

这里交通很方便, 物价也很便宜。
Zhèli jiāotōng hěn fāngbiàn, wùjià yě hěn piányi.
이곳은 교통도 편리하고 물가도 싸다.

「又……, 又……」: "~하기도 하고 ~하기도 하다."

他又是我的老师, 又是我的朋友。
Tā yòu shì wǒ de lǎoshī, yòu shì wǒ de péngyou.
그는 내 선생이기도 하고 내 친구이기도 하다.

「一边……, 一边……」: "한편으로 ~하고, 한편으로 ~하다."

我喜欢一边听音乐, 一边喝咖啡。
Wǒ xǐhuan yìbiān tīng yīnyuè, yìbiān hē kāfēi.
나는 음악을 들으며 커피를 마시는 것을 좋아한다.

「既……, 又……」: "~이기도 하지만 ~이기도 하다."

新盖的宿舍既干净又安静。
Xīn gài de sùshè jì gānjìng yòu ānjìng.
새로 지은 기숙사는 깨끗하기도 하고 조용하기도 하다.

「有…… 有……」: "어떤~, 어떤~"

有的人站着, 有的人坐着。
Yǒu de rén zhànzhe, yǒu de rén zuòzhe.
어떤 사람은 서 있고, 어떤 사람은 앉아 있다.

「一方面……, 一方面……」: "한편으로는 ~하고 다른 한편으로는 ~하다."
我们一方面进行计划, 一方面准备资金。
Wǒmen yì fāngmiàn jìnxíng jìhuà, yì fāngmiàn zhǔnbèi zījīn.
우리는 한편으로는 계획을 진행시키고 한편으로는 자금을 준비한다.

「一会儿……, 一会儿……」: "잠시 ~하다, 잠시 ~한다."
天气一会儿冷一会儿热, 变化很大。
Tiānqì yíhuìr lěng yíhuìr rè, biànhuà hěn dà.
날씨가 잠시 추웠다 잠시 더웠다 변화가 크다.

「也好……, 也好……」: "~해도 좋고, ~해도 좋다."
学汉语也好, 学日语也好, 都会有帮助。
Xué Hànyǔ yě hǎo, xué Rìyǔ yě hǎo, dōu huì yǒu bāngzhù.
중국어를 배워도 좋고, 일어를 배워도 좋고 다 도움이 된다.

「连……也(都)……」: "~조차도 ~하다."
她的房间很漂亮, 连窗帘都很讲究。
Tā de fángjiān hěn piàoliang, lián chuānglián dōu hěn jiǎngjiu.
그녀의 방은 예쁜데 커튼조차도 아주 신경을 썼다.

「不只/不但……连……都(也)」: "~뿐 아니라 ~하기도 하다."
这个问题不只在国内引起了争论, 连国外也重视。
Zhè ge wèntí bù zhǐ zài guónèi yǐnqǐ le zhēnglùn, lián guówài yě zhòngshì.
이 문제는 국내에서 논쟁을 일으켰을 뿐만 아니라, 국외에서도 중시하고 있다.

2. 점층관계

의미상 정도가 점차 심화됨을 표시하며, 앞 문장과 뒤 문장은 불평등 관계를 나타낸다.

「不但/不尽/不只……, 而且……」: "비단 ~일 뿐 아니라 ~하기도 하다."
她不但帮我打扫了房间, 而且还给我做了一顿晚餐。
Tā búdàn bāng wǒ dǎsǎo le fángjiān, érqiě hái gěi wǒ zuò le yí dùn wǎncān.
그녀는 나를 도와 방청소를 했을 뿐 아니라 나에게 저녁 식사도 마련해 주었다.

「越……越……」: "~하면 ~할수록."

这本书越看越有意思。
Zhè běn shū yuè kàn yuè yǒu yìsi.
이 책은 보면 볼수록 재미가 있다.

「越来越」: "점점 ~"

社会风气越来越坏。
Shèhuì fēngqì yuè lái yuè huài.
사회풍조가 점점 나빠진다.

3. 선택관계

몇 가지 상황을 제시하고, 그중에 한 가지를 선택할 때 쓰인다.

「是……, 还是……」: "~이 아니면 ~이다."

坐飞机, 还是坐火车, 快决定吧。
Zuò fēijī, háishì zuò huǒchē, kuài juédìng ba.
비행기를 탈지 아니면 기차를 탈지 빨리 결정해라.

「不是……, 就是……」: "~이 아니면 ~이다."

看他的长相, 不是韩国人, 就是中国人。
Kàn tā de zhǎngxiàng, bú shì Hánguórén jiùshì Zhōngguórén.
그의 생김새를 보니 한국 사람이 아니면 중국 사람이다.

「或者……, 或者……」: "~든지 혹은 ~든지"

这个讨论会, 或者我去, 或者你去, 我们俩谁去都行。
Zhè ge tǎolùnhuì, huòzhě wǒ qù, huòzhě nǐ qù, wǒmen liǎ shéi qù dōu xíng.
이 세미나를 내가 가든지 혹은 네가 가든지 우리 두 사람 누가 가든 다 된다.

4. 인계관계

앞 문장과 뒤 문장은 동작의 선후 발생 관계를 나타낸다.

「先……(再)然后……」: "먼저 ~한 후에 ~하다."

先要通过留学考试, 然后再考虑上哪所大学。
Xiān yào tōngguò liúxué kǎoshì, ránhòu zài kǎolǜ shàng nǎ suǒ dàxué.
먼저 유학시험을 통과하고 나서 그다음 어느 대학을 갈지 고려해야 한다.

「刚……, 就……」: "막 ~하고, 바로 ~"

我刚进门, 电话铃就响了。
Wǒ gāng jìn mén, diànhuà líng jiù xiǎng le.
내가 문에 들어서자마자 전화벨이 울렸다.

「一……就……」: "~하면 바로 ~다."

太累了, 一躺下就睡着了。
Tài lèi le, yì tǎngxià jiù shuìzháo le.
너무 피곤해서 눕자마자 바로 잠들었다.

5. 전환관계

앞 문장은 사실을 말하고 뒤 문장은 그 사실에 따른 결과를 나타낸다.

「虽然……, 但是/可是……」: "~이지만, 그러나 ~하다."

我们虽然住得很近, 但来往不多。
Wǒmen suīrán zhù de hěn jìn, dàn láiwǎng bù duō.
우리는 비록 가까이 살지만 그러나 왕래는 많지 않다.

「尽管……可是/但是……」: "비록 ~하지만 그러나 ~"

他尽管很累, 可是还帮助爱人做家务事。
Tā jǐnguǎn hěn lèi, kěshì hái bāngzhù àirén zuò jiāwùshì.
그는 비록 힘들지만 그래도 부인을 도와 집안일은 한다.

「不是……, 而是……」: "~하는 것이 아니라 ~이다."

原因不是他不够聪明, 而是我太愚蠢了。
Yuányīn búshì tā búgòu cōngmíng, érshì wǒ tài yúchǔn le.
원인은 그가 똑똑하지 않은 것이 아니라 내가 너무 어리석었다.

「只是……而已」: "단지 ~일 뿐이다."

他们只是来看看而已, 并不想真的投资。
Tāmen zhǐshì lái kànkan éryǐ, bìng bù xiǎng zhēn de tóuzī.
그들은 단지 와서 보기만 할 뿐 결코 진짜로 투자할 생각이 아니다.

「A＋是＋A, 可是/只是……」: "A는 A지만 그러나(단지) ~하다."

小张有钱是有钱, 只是文化水平不高。
Xiǎo Zhāng yǒuqián shì yǒuqián, zhǐshì wénhuà shuǐpíng bù gāo.
샤우짱은 돈은 있지만 단지 문화수준이 높지 않다.

「不过……罢了/而已」: "단지 ~에 지나지 않는다."

他的计算机质量比我的好，不过在软件上落后于我的罢了。
Tā de jìsuànjī zhìliàng bǐ wǒ de hǎo, búguò zài ruǎnjiàn shang luòhòu yú wǒ de bà le.
그의 컴퓨터 품질은 내 것보다 좋지만, 단지 소프트웨어는 내 것보다 좀 뒤떨질 뿐이다.

「只不过」: "단지 ~에 불과하다. ~할 따름이다."

只不过不想给你添麻烦，没有别的意思。
Zhǐ bu guò bù xiǎng gěi nǐ tiān máfan, méiyǒu bié de yìsi.
단지 너에게 폐를 끼치고 싶지 않을 뿐이지 별 다른 뜻은 없다.

「即使……，也……」: "비록 ~일지라도"

即使是星期天，他也没时间出去玩儿。
Jíshǐ shì xīngqītiān, tā yě méi shíjiān chūqù wánr.
비록 일요일이라도 그는 나가 놀 시간이 없다.

「哪怕……，也/都……」: "설령 ~하더라도 ~해야 한다."

哪怕是很难的曲子，他都弹得很好。
Nǎpà shì hěn nán de qūzi, tā dōu tán de hěn hǎo.
설사 어려운 곡일지라도 그는 아주 잘 친다.

「不但不……，反而……」: "비단 ~하지 않을 뿐 아니라, 오히려~하다."

这样做不但不能解决问题，反而会带来新的困难。
Zhèyàng zuò búdàn bù néng jiějué wèntí, fǎnér huì dàilái xīn de kùnnan.
이렇게 하면 문제를 해결할 수 없을 뿐더러 오히려 새로운 어려움을 가져올 수 있다.

1. 老师一边指着地图，一边讲。
    Lǎoshī yìbiān zhǐzhe dìtú, yìbiān jiǎng.
    선생님은 한편으로는 지도를 짚으면서 한편으로는 설명을 한다.

2. 抽烟既害自己，又害别人。
    Chōuyān jì hài zìjǐ, yòu hài biérén.
    담배를 피우면 자신도 해치고 또한 다른 사람도 해친다.

3. 一方面安慰家属，一方面派人去医院探病。
    Yì fāngmian ānwèi jiāshǔ, yì fāngmian pài rén qù yīyuàn tànbìng.
    한편으로는 가족을 위로하고 한편으로는 사람을 병원으로 보내 병문안을 했다.

4. 怎么越是有钱的人越小气呢?
    Zěnme yuèshì yǒuqián de rén yuè xiǎoqì ne?
    어떻게 돈이 있는 사람일수록 더 인색하지요?

5. 是上午开会，还是下午开会，还不知道。
    Shì shàngwǔ kāihuì, háishì xiàwǔ kāihuì, hái bù zhīdao.
    오전에 회의하는지 오후에 회의하는지 아직 모른다.

6. 他忙得连吃饭的时间都没有。
    Tā máng de lián chīfàn de shíjiān dōu méiyǒu.
    그는 너무 바빠서 밥 먹을 시간조차 없다.

7. 除夕夜一过十二点，大家就放鞭炮。
    Chúxī yè yí guò shíèr diǎn, dàjiā jiù fàng biānpào.
    섣달 그믐날 밤 12시가 지나고 모두들 폭죽을 터뜨린다.

8. 我早就想搬家了，只是一直找不到合适的房子。
    Wǒ zǎojiù xiǎng bānjiā le, zhǐshì yìzhí zhǎo bu dào héshì de fángzi.
    나는 벌써부터 이사하고 싶었는데, 단지 적합한 집을 줄곧 찾을 수 없었다.

9. 我对他很好，他却在我需要帮助的时候不理我。
    Wǒ duì tā hěn hǎo, tā què zài wǒ xūyào bāngzhù de shíhou bù lǐ wǒ.
    나는 그에게 잘해 주는데 그는 오히려 내가 도움이 필요할 때 나를 거들떠보지 않는다.

10. 哪怕明天下雨，这场篮球决赛也照常进行。
    Nǎpà míngtiān xiàyǔ, zhè chǎng lánqiú juésài yě zhàocháng jìnxíng.
    설사 내일 비가 올지라도, 이번 농구결승전은 정상적으로 진행된다.

1. 今年出产的桃子跟以前的不一样，个儿又大又甜。
   Jīnnián chūchǎn de táozi gēn yǐqián de bù yíyàng, gěr yòu dà yòu tián.

   ______________________________________ .

2. 中国西部，既有美丽的景观，又有丰富的资源。
   Zhōngguó xībù, jì yǒu měilì de jǐngguān, yòu yǒu fēngfù de zīyuán.

   ______________________________________ .

3. 答应也好，不答应也好，都得去一趟。
   Dāyìng yě hǎo, bù dāyìng yě hǎo, dōu děi qù yí tàng.

   ______________________________________ .

4. 这条路不但人多，而且来往的车也很多。
   Zhètiáo lù búdàn rén duō, érqiě láiwǎng de chē yě hěn duō.

   ______________________________________ .

5. 他不但工作认真，而且办事也很谨慎。
   Tā búdàn gōngzuò rènzhēn, érqiě bànshì yě hěn jǐnshèn.

   ______________________________________ .

6. 毕业以后当翻译或者当导游，我都很乐意。
   Bìyè yǐhòu dāng fānyì huòzhě dāng dǎoyóu, wǒ dōu hěn lèyì.

   ______________________________________ .

7. 他虽然失败了很多次，可是并不灰心。
   Tā suīrán shībài le hěn duō cì, kěshì bìng bù huīxīn.

   ______________________________________ .

8. 尽管困难很多，但我相信一定能成功。
   Jǐnguǎn kùnnán hěn duō, dàn wǒ xiāngxìn yídìng néng chénggōng.

   ______________________________________ .

9. 因为工作很忙，所以很长时间没来看你。
   Yīnwèi gōngzuò hěn máng, suǒyǐ hěn cháng shíjiān méi lái kàn nǐ.

   ______________________________________ .

10. 由于时间的关系，所以今天只能看到这儿。
    Yóuyú shíjiān de guānxi, suǒyǐ jīntiān zhǐnéng kàg dào zhèr.

    ______________________________________ .

1. 이곳에 패스트푸드점이 한 집 있는데 저곳에도 있다.

    ____ .

2. 어떤 때는 바쁘고 어떤 때는 한가하다.

    ____ .

3. 아이는 잠시 울다 잠시 웃다 한다.

    ____ .

4. 이곳의 상품은 싸고 튼튼하기도 하다.

    ____ .

5. 그는 쉴 때 책을 보지 않으면 신문을 본다.

    ____ .

6. 모두 먼저 주제를 토론하고 그다음에 다음 단계를 진행하세요.

    ____ .

7. 날이 막 밝자 아버지는 바로 나가셨다.

    ____ .

8. 이 문장은 너무 어려운 것이 아니라 오히려 너무 쉽다.

    ____ .

9. 가기는 가지만 당일 돌아와야 한다.

    ____ .

10. 감기에 걸려 그녀는 오늘 수업을 하러 갈 수가 없다.

    ____ .

第21课

宁可自己吃亏，也要多帮助别人。　자신이 손해를 보더라도 다른 사람을
도와야겠다.

복문 Ⅱ

복문에 사용하는 접속사와 복문 유형:
　　인과관계를 나타낸다.
　　가설관계를 나타낸다.
　　조건관계를 나타낸다.
　　취사관계를 나타낸다.
　　연속관계를 나타낸다.

복문 II

6. 인과관계

앞 문장은 원인을 말하고 뒤 문장은 그 원인에 따른 결과를 나타낸다.

「因为……, 所以……」: "~이기 때문에, 그래서 ~하다."

因为天气不好, 所以飞机改在明天起飞。
Yīnwèi tiānqì bù hǎo, suǒyǐ fēijī gǎi zài míngtiān qǐfēi.
날씨가 좋지 않기 때문에 비행기는 내일 뜨는 것으로 바꿨다.

「由于……, 所以/因而……」: "~이기 때문에, 그래서 ~하다."

他由于平时注意锻炼, 因而身体一直都很健康。
Tā yóuyú píngshí zhùyì duànliàn, yīnér shēntǐ yìzhí dōu hěn jiànkāng.
그는 평상시 운동에 신경을 써서 몸이 줄곧 건강하다.

「之所以……, 是因为……」: "~하는 것은 ~이기 때문이다."(결과를 강조)

他之所以这样做, 是因为实在没有别的办法。
Tā zhīsuǒyǐ zhèyàng zuò, shì yīnwèi shízài méiyǒu bié de bànfǎ.
그가 이렇게 한 이유는 정말 다른 방법이 없기 때문이다.

「既然……, 就」: "기왕에 ~하면, ~하다."

既然没有钱, 就不要去欧洲度假了。
Jìrán méiyǒu qián, jiù bú yào qù ōuzhōu dùjià le.
기왕에 돈이 없으면 유럽으로 휴가를 보내러 가지 말자.

「因……, 而」: "~때문에, ~하다."

他因这部电视剧而出了名。
Tā yīn zhè bù diànshìjù ér chū le míng.
그는 이 드라마로 인해 유명해졌다.

7. 가설관계

앞 문장은 가정을 하고 뒤 문장은 그 가정에 따른 결과를 나타낸다.

「如果……的话，就……」: "만약 ~하다면, ~한다."

如果各方面条件都允许的话，我就要去美国留学。

Rúguǒ gè fāngmiàn tiáojiàn dōu yǔnxǔ de huà, wǒ jiùyào měiguó liúxué.

만약에 여러 방면의 조건이 허락 된다면 나는 미국으로 유학을 갈 것이다.

「要是……，就……」: "만일 ~하다면, ~한다."

要是工资和以前一样低，就买不起这么大的房子。

Yàoshi gōngzī hé yǐqián yíyàng dī, jiù mǎi bu qǐ zhème dà de fángzi.

만약에 임금이 이전보다 낮다면 이런 큰 집을 살 수 없다.

「要不是……，(肯定)……」: "~가 아니었다면, (분명히)~하다."

要不是她叫醒我，肯定会迟到的。

Yàobushì tā jiàoxǐng wǒ, kěndìng huì chídào de.

그녀가 깨워 주지 않았다면 분명히 지각했을 것이다.

「假如……，就(那)……」: "만약 ~라면 ~할 것이다."

假如你年轻二十岁，那你想干什么?

Jiǎrú nǐ niánqīng èrshí suì, nà nǐ xiǎng gàn shénme?

만약에 당신이 스무 살 젊다면 그럼 당신은 무엇을 하고 싶습니까?

「就……了」: "만약 ~하다면, ~한다."

爸爸做菜就不好吃了。

Bàba zuò cài jiù bù hǎochī le.

아버지가 음식을 만들면 맛이 없다.

「没有A，就没有B」: "A가 없으면 B도 없다."

假如没有你，就没有现在的我。

Jiǎrú méiyǒu nǐ, jiù méiyǒu xiànzài de wǒ.

만약 당신이 없었더라면 지금의 나도 없을 것이다.

「幸亏……，否则/不然……」: "다행히 ~했으니 망정이지, 그렇지 않으면 ~"

幸亏你提醒我，不然就忘记了。

Xìngkuī nǐ tíxǐng wǒ, bùrán jiù wàngjì le.

다행히 네가 나를 일깨워 줬다. 그렇지 않았다면 잊어버릴 뻔했다.

8. 조건관계

앞 문장은 조건을 뒤 문장은 조건에 따른 결과를 나타낸다.

「只有……，才……」: "오직~해야 비로소 ~하다."

只有跟你在一起，我才感受到真正的幸福。
Zhǐyǒu gēn nǐ zài yìqǐ, wǒ cái gǎnshòudào zhēnzhèng de xìngfú.
너와 함께 있어야만 나는 비로소 진정한 행복을 느낀다.

「除非……，不然/否则……」: "반드시 ~해야지 그렇지 않으면 ~"

除非有各方面的支持，不然我们完不成任务。
Chúfēi yǒu gè fāngmiàn de zhīchí, bùrán wǒmen wán bu chéng rènwù.
여러 방면의 지지가 있어야 되지 그렇지 않으면 우리는 임무를 완성할 수가 없다.

「除非……，才……」: "~해야만 비로소 ~하다."

除非双方都让步，才能走向和解。
Chúfēi shuāngfāng dōu ràngbù, cái néng zǒu xiàng héjiě.
쌍방이 다 양보를 해야만이 비로소 화해로 갈 수 있다.

「除了……以外，都……」: "~을 제외하고, 모두 ~하다"(앞 대상을 배제함)

除了北极以外，他几乎哪儿都去过了。
Chúle Běijí yǐwài, tā jīhū nǎr dōu qùguo le.
북극 이외에 그는 어디든 거의 다 가 보았다.

「除了……以外，还/也……」: "~ 이외에도 또 ~하다."(앞 대상을 포함함)

除了北京以外，还去过上海和广州。
Chúle Běijīng yǐwài, hái qùguo Shànghǎi hé Guǎngzhōu.
베이징 이외에 상하이와 광쪼우도 가 본 적 있다.

「无论……，都……」: "~을 막론하고 모두 ~하다."

无论是在北京，还是在上海，吃饭购物都不如广州方便。
Wúlùn shì zài Běijīng, háishì zài Shǎnghǎi chīfàn gòuwù dōu bùrú Guǎngzhōu fāngbiàn.
베이징에서든 상하이에서든 상관없이 밥 먹고 쇼핑하는 것은 모두 광쪼우만큼 편리하지
못하다.

「不管……，也/都……」: "아무리 ~해도 ~하다."

不管天气是冷还是热，他都要打太极拳。
Bùguǎn tiānqì shì lěng háishì rè, tā dōu yào dǎ tàijíquán.
날씨가 춥든 덥든 상관하지 않고 그는 태극권을 수련할 것이다.

「无论如何，都/也……」: "어쨌든 간에, 어떻게 해서든지"

无论如何你都得做完经理交代的工作。
Wúlùnrúhé nǐ dōu děi zuòwán jīnglǐ jiāodài de gōngzuò.

어쨌든 간에 너는 사장이 분부한 일을 다 해야 한다.

「只要……就……」: "～하기만 하면 바로 ～한다."

只要有真正的本领，就能找到好工作。
Zhǐyào yǒu zhēnzhèng de běnlǐng, jiù néng zhǎodào hǎo gōngzuò.

진짜 실력이 있다면 좋은 직업을 구할 수 있다.

「非得/要……不可」: "～하지 않으면 안 된다."

买车票、订酒店以及准备行李什么的，非我得自己干不可!
Mǎi chēpiào、dìng jiǔdiàn yǐjí zhǔnbèi xíngli shénme de, fēi wǒ děi zìjǐ gàn bùkě!

차표를 사고 호텔을 예약하고 그리고 짐을 준비하는 이런 일들은 내가 혼자 할 수밖에 없다.

9. 취사관계

앞에는 버리고 뒤에는 취함을 말한다.

「与其……，不如」: "～하느니 차라리 ～하겠다."

与其这样等着，不如找点事干干。
Yúqí zhèyàng děngzhe, bùrú zhǎo diǎn shì gāngan.

이렇게 기다리느니 차라리 일을 찾아 좀 해 보는 것이 낫다.

「宁可……，也」: "～하느니 차라리 ～하다."

宁可多走些路，也不去冒这个险。
Níngkě duō zǒuxiē lù, yě bú qù mào zhè ge xiǎn.

차라리 길을 더 많이 걸을지언정 이런 모험은 하지 않겠다.

「宁愿……，也」: "～하느니 차라리 ～하다."

宁愿少赚钱，也不卖给他那种人。
Níngyuàn shǎo zhuànqián, yě bú mài gěi tā nà zhǒng rén.

차라리 돈을 적게 벌지언정 그런 사람에게 팔지 않겠다.

「除此之外……」: "이것 외에 ～"

除此之外别无选择。
Chúcǐ zhīwài bié wú xuǎnzé.

이것 이외에는 다른 선택이 없다.

「不在于……，而在于……」: "~에 있지 않고, ~에 있다."

家庭是否幸福，不在于金钱，而在于和睦。
Jiātíng shìfǒu xìngfú, bú zài yú jīnqián, ér zài yú hémù.
가정이 행복한지 아닌지는 돈에 달려 있지 않고, 화목한지에 달려 있다.

10. 연속관계

순서에 의해 연속해서 출현하는 동작이나 상황을 나타낸다.

「先A，再B，然后C，最后D」: "먼저 A하고, 그리고 B한 다음, C하고, 마지막으로 D한다."(「再」와 「然后」는 둘 중 하나면 써도 되고 「然后再」로 표현해도 된다.)

先去商店买水果，再去买票，然后去接小张吧。
Xiān qù shāngdiàn mǎi shuǐguǒ, zài qù mǎi piào, ránhòu qù jiē Xiǎo Zhāng ba。
먼저 상점에 가서 과일을 사고 그리고 표를 사고 나서 샤우쨩을 데리러 가자.

「等A，再B/就B」: "A하고서 그다음에 B하다."

等雨停了再走吧!
Děng yǔ tíng le zài zǒu ba.
비가 그치고 나면 가자.

1. 因为工作很忙，所以很长时间都没来看你。

   Yīnwèi gōngzuò hěn máng, suǒyǐ hěn cháng shíjiān dōu méi lái kàn nǐ.

   일이 바쁘기 때문에 오랫동안 당신을 보러 오지 않았다.

2. 这种问题之所以发生，是因为他没有采取适当的措施。

   Zhè zhǒng wèntí zhīsuǒyǐ fāshēng, shì yīnwèi tā méiyǒu cǎiqǔ shìdàng de cuòshī.

   이런 문제가 발생하게 된 이유는 그가 적당한 조치를 취하지 않았기 때문이다.

3. 假如今天能买到票的话，今天就动身。

   Jiǎrú jīntiān néng mǎidào piào de huà, jīntiān jiù dòngshēn.

   만약 오늘 표를 살 수 있다면 오늘 바로 떠날 것이다.

4. 除非认真学习外语，否则就难以理解国际情势。

   Chúfēi rènzhēn xuéxí wàiyǔ, fǒuzé jiù nányǐ lǐjiě guójì qíngshì.

   외국어를 열심히 배우지 않는다면 국제 정세를 이해하기가 힘들 것이다.

5. 你无论怎么说，我都不同意。

   Nǐ wúlùn zěnme shuō, wǒ dōu bù tóngyì.

   네가 어떻게 말하든 나는 모두 동의하지 않는다.

6. 到了这个地步无论如何他都得说出实话来。

   Dào le zhè ge dìbù Wúlùn rúhé tā dōu děi shuōchū shíhuà lai.

   이런 지경에 이르렀으니 어쨌든 간에 그는 사실을 말해 내야 한다.

7. 你不远千里到这里来，咱们非得见一面不可。

   Nǐ bùyuǎn qiānlǐ dào zhèli lái, zánmen fēiděi jiàn yí miàn bùkě

   너는 천리를 마다 않고 이곳으로 왔으니 우리는 기필코 한번 만나야 한다.

8. 宁愿自己一个人做，也不想麻烦别人。

   Níngyuàn zìjǐ yí ge rén zuò, yě bù xiǎng máfan biérén.

   혼자 일을 할지언정 다른 사람을 귀찮게 하고 싶지 않다.

9. 图书馆延长了开放时间，为的是让学生阅读方便。

   Túshūguǎn yáncháng le kāifàng shíjiān, wèideshì ràng xuésheng yuèdú fāngbiàn.

   도서관의 개방시간이 연장이 된 것은 학생들의 공부 편의를 위함이다.

10. 老师除了讲课以外，还要开会。

    Lǎoshī chúle jiǎngkè yǐwài, háiyào kāihuì.

    선생님은 강의하는 것 이외에 회의도 해야 한다.

1. 由于时间的关系，所以今天只能讲到这儿。
   Yóuyú shíjiān de guānxi, suǒyǐ jīntiān zhǐ néng jiǎng dào zhèr.

   ________________________ .

2. 要是一出校门有一个立交桥就方便多了。
   Yàoshì yì chū xiàomén yǒu yí ge lìjiāoqiáo jiù fāngbiàn duō le.

   ________________________ .

3. 这里无法过江，因为水流太急。
   Zhèli wúfǎ guò jiāng, yīnwèi shuǐliú tài jí.

   ________________________ .

4. 除非你们答应他们的要求，他们才会签订合同。
   Chúfēi nǐmen dāyìng tāmen de yāoqiú, tāmen cái huì qiāndìng hétong.

   ________________________ .

5. 除了小张，大家都学了太极拳。
   Chúle Xiǎo Zhāng, dàjiā dōu xué le tàijíquán.

   ________________________ .

6. 不管有什么理由，都不应该这样对待他。
   Bùguǎn yǒu shénme lǐyóu, dōu bù yīnggāi zhèyàng duìdài tā.

   ________________________ .

7. 只要经常锻炼，就能增强抵抗疾病的能力。
   Zhǐyào jīngcháng duànliàn, jiù néng zēngqiáng dǐkàng jíbìng de nénglì.

   ________________________ .

8. 宁可自己吃亏，也要多帮助别人。
   Níngkě zìjǐ chīkuī, yě yào duō bāngzhù biérén.

   ________________________ .

9. 为了庆祝他的生日，我们决定给他开个生日晚会。
   Wèile qìngzhù tā de shēngrì, wǒmen juédìng gěi tā kāi ge shēngrì wǎnhuì.

   ________________________ .

10. 开车不要超速，以免发生意外。
    Kāichē bú yào chāosù, yǐmiǎn fāshēng yìwài.

   ________________________ .

1. 감기가 들어서 그녀는 오늘 수업을 하러 갈 수가 없다.

    _________________________________ .

2. 만약에 문제가 있으면 언제든지 나를 찾아와도 된다.

    _________________________________ .

3. 그의 도움이 아니었다면 이번에 아마 또 실패했을 것이다.

    _________________________________ .

4. 기왕에 가기로 결정했다면 시간을 끌지 마라.

    _________________________________ .

5. 샤우짱뿐 아니라 샤우리와 샤우쑨도 서예를 배우기 시작했다.

    _________________________________ .

6. 열심히 배워야만이 비로소 목표에 달성할 수 있다.

    _________________________________ .

7. 이 일은 모두 다 오면 그 때 함께 토론합시다.

    _________________________________ .

8. 날씨가 이렇게 더운데 영화를 보느니 차라리 수영하러 가는 것이 낫다.

    _________________________________ .

9. 그는 어제 일 때문에 걱정이 되어 잠들지 못한다.

    _________________________________ .

10. 동물원의 펜더를 아이들뿐만 아니라, 어른들도 보는 것을 좋아한다.

    _________________________________ .

해 답

第1课 연습해답 - 연동문

해석연습

1. 他回头看我一眼。

   그는 고개를 돌려 나를 한번 본다.

2. 他从杭州坐火车去南京。

   그는 항쪼우에서 기차를 타고 난찡으로 간다.

3. 明天我们要到上海旅行。

   내일 우리는 상하이로 여행을 간다.

4. 这儿没有人姓郑。

   이곳에는 쩡 성을 가진 사람이 없다.

5. 他去办公室找赵老师。

   그는 짜우 선생님을 만나러 사무실에 갔다.

6. 我有资格参加这次比赛。

   나는 이번 시합에 참가할 수 있는 자격이 있다.

7. 坐着休息一会儿吧。

   앉아서 좀 쉬세요.

8. 我们去北京时吃过烤鸭。

   우리는 베이징에 갔을 때 카우야를 먹었었다.

9. 我们也坐船去旅行。

   우리도 배를 타고 여행을 간다.

10. 我去图书馆借了语法书。

    나는 도서관에 가서 어법 책을 빌렸다.

1. 여기 와서 보세요!

   过来看吧!

2. 나는 왼손으로 글을 쓴다.

   我用左手写字。

3. 나는 상점에 가서 우유를 산다.

   我去商店买牛奶。

4. 우리는 영화 보러 안 간다.

   我们不去看电影。

5. 우리는 여행사에 가서 비행기 표를 산다.

   我们去旅行社买机票。

6. 나는 먹을 밥이 없고, 입을 옷이 없다.

   我没有饭吃, 没有衣服穿。

7. 누워서 텔레비전을 보지 마세요.

   不要躺着看电视。

8. 그는 고등학교 다닐 때 반장을 맡은 적 있다.

   他读高中时当过班长。

9. 나는 반드시 가서 그에게 알릴 것이다.

   我一定会去告诉他的。

10. 나는 퇴근한 후에 비로소 너를 만나러 갈 수 있다.

    我下了班以后才能去见你。

第2课 연습해답 - 겸어문

해석연습

1. 让你久等了。

   당신을 오래 기다리게 했습니다.

2. 我没有请你进去。

   나는 당신더러 들어가라고 하지 않았습니다.

3. 我想请你们吃饭。

   나는 너희들에게 식사를 대접하려고 한다.

4. 白小姐让我替她向你问好。

   미스 빠이는 나더러 그녀를 대신하여 당신에게 안부를 전하게 했다.

5. 这个计划使他受到了较大的压力。

   이 계획은 그로 하여금 비교적 큰 스트레스를 받게 했다.

6. 陈经理叫小姜去机场接客人。

   천 사장은 샤유짱을 시켜 공항에 가서 손님을 맞이하도록 했다.

7. 选出最有影响力的人来担任这一项工作。

   가장 영향력 있는 사람을 선출해서 이 일을 맡게 한다.

8. 军人应该服从命令听指挥。

   군인은 명령에 복종하고 지휘를 들어야만 한다.

9. 我们认他是我们的榜样。

   우리는 그를 우리의 모범으로 여긴다.

10. 他的话使人感动。

    그의 말은 사람을 감동시킨다.

작문연습

1. 그는 나에게 영화를 보러 가자고 청했다.
   他请我去看电影。

2. 선생님은 너에게 이 일을 알려 주라고 나를 시켰다.
   老师叫我告诉你这件事。

3. 아버지는 내가 저녁무도회에 참가하지 못하도록 했다.
   爸爸不让我参加晚上的舞会。

4. 그는 나에게 담배를 적게 피도록 권했다.
   他劝我少抽烟。

5. 너에게 걱정을 끼쳤다.
   让你费心了。

6. 그 해당지역의 상황을 좀 이해하도록 사람을 보내라.
   派人去了解一下当地的情况吧。

7. 선생님은 널더러 가지 말고 선생님을 좀 기다리라고 한다.
   老师叫你别走，等他一会儿。

8. 회사는 내가 금연하도록 요구했다.
   公司要求我戒烟。

9. 우리는 그가 방문단의 단장이 되도록 선출하였다.
   我们选他当访问团的团长。

10. 사장님은 나를 지점으로 출근하도록 파견했다.
    经理派我去分公司上班。

第3课 연습해답 - 의문문 I

해석연습

1. 电影好看吗?

  영화는 재미있습니까?

2. 哪位是王老师?

  어느 분이 왕 선생님입니까?

3. 哪一本是我的书?

  어느 것이 내 책입니까?

4. 你什么时候去中国?

  당신은 언제 중국에 갑니까?

5. 你住在什么地方?

  당신은 어디에 살고 있습니까?

6. 一共买了多少双鞋子?

  모두 몇 켤레의 신발을 샀습니까?

7. 矿泉水一瓶多少钱?

  생수 한 병은 얼마입니까?

8. 汉语发音怎么样?

  중국어 발음은 어떻습니까?

9. 这个瓶盖怎么开?

  이 병뚜껑 어떻게 엽니까?

10. 这是怎么弄的?

  이건 어떻게 한 것입니까?

작문연습

1. 베이징 호텔은 멉니까?

   北京饭店远吗?

2. 당신은 상하이 사람입니까?

   你是上海人吗?

3. 이것은 무엇입니까?

   这是什么?

4. 당신은 어느 나라 사람입니까?

   你是哪国人?

5. 지금 몇 시입니까?

   现在几点?

6. 어제 당신은 어디에 갔었습니까?

   昨天你去哪儿了?

7. 당신의 집에는 몇 식구가 있습니까?

   你家有几口人?

8. 어때요? 의사가 어떻게 말했습니까?

   怎么样? 医生怎么说?

9. 이 중국어 글자는 어떻게 읽습니까?

   这个汉字怎么念?

10. 중국어로 어떻게 말합니까?

    用汉语怎么说?

第4课 연습해답 - 의문문 Ⅱ

해석연습

1. 你为什么生气呢?

   당신은 왜 화를 냅니까?

2. 昨天怎么没来上课?

   어제는 왜 수업하러 오지 않았습니까?

3. 怎么样, 你也想去吗?

   어때요? 당신도 가고 싶습니까?

4. 那位就是王大夫吧?

   저분이 바로 왕 의사선생님이시지요?

5. 这些书是你的, 对不对?

   이 책들은 당신 것이지요, 맞지요?

6. 你有没有数码相机?

   당신은 디지털카메라가 있습니까?

7. 你认不认识张老师?

   당신은 장 선생님을 아세요?

8. 午饭吃了没有?

   점심은 먹었습니까?

9. 你是中文系的学生还是经济系的?

   당신은 중문학과학생입니까, 아니면 경제학과 학생입니까?

10. 这棵树多高?

    이 나무는 얼마나 높습니까?

작문연습

1. 당신은 왜 나에게 알려 주지 않았습니까?
你怎么没告诉我?

2. 나는 도서관에 가려고 합니다. 당신은요?
我要去图书馆, 你呢?

3. 이 선생님은 집에 계십니까?
李老师在家吗?

4. 그는 이미 갔어요. 그렇지요?
他已经走了, 是吧?

5. 당신은 2학년 학생입니까?
你是不是二年级的学生?

6. 오후에 바쁩니까?
下午忙不忙?

7. 이런 텔레비전은 좋습니까?
这种电视机好不好?

8. 차표를 샀습니까?
车票买了没有?

9. 당신은 서울에 삽니까? 아니면 인천에 삽니까?
你住在首尔还是仁川?

10. 이 수박은 무게가 어떻게 됩니까?
这个西瓜有多重?

第5课 연습해답 - 의문문 Ⅲ

해석연습

1. 这个单词怎么念都可以。

   이 단어는 어떻게 읽어도 다 된다.

2. 我去过好几次。

   나는 여러 번 간 적 있다.

3. 你怎么想都没关系。

   네가 어떻게 생각하든 다 상관없다.

4. 这种事谁都不能解决。

   이런 일은 아무도 해결할 수 없다.

5. 没剩多少。

   얼마 남지 않았다.

6. 明天游览香山，谁想去谁去报名。

   내일 샹산을 구경하는데 가고 싶은 사람은 등록하세요.

7. 你怎么说我就怎么做。

   당신이 무엇이라 말하면 나는 그 말대로 하겠다.(말한 대로 하겠다.)

8. 什么时候方便，就什么时候来吧。

   언제가 편하면 언제 오세요.(언제든지 오세요.)

9. 箱子里能放几个就放几个。

   상자 속에 몇 개 넣을 수 있으면 몇 개 넣으세요.(넣을 수 있을 때까지 넣으세요.)

10. 这样的东西，哪里都有。

    이런 물건은 어디든지 다 있다.

1. 이 일을 누군가 나에게 알려 줬던 것 같다.

   这件事好像谁告诉过我。

2. 요 며칠 날씨가 좋다.

   这几天天气很好。

3. 나는 아무리 해도 생각이 나지 않는다.

   我怎么也想不起来。

4. 방안이 어찌 이렇게 어질러져 있습니까?

   房间里怎么这么乱?

5. 나는 별일 없다.

   我没有什么事。

6. 너는 몇 시에 가든지 다 괜찮다.

   你几点去都可以。

7. 먹고 싶은 만큼 먹어라.

   想吃多少, 就吃多少。

8. 나는 배고프지 않아 아무것도 먹고 싶지 않다.

   我不饿, 什么也不想吃。

9. 너희들은 언제든지 나를 찾아와도 된다.

   你们什么时候都可以来找我。

10. 나는 아무데도 가본 적이 없다.

    我什么地方也没去过。

第6课 연습해답 - 동사와 목적어 관계

해석연습

1. 我们打个电话就行了，用不着见面。

   우리가 전화를 하면 되지 만날 필요가 없다.

2. 我们跳了两个小时舞。

   우리는 두 시간 동안 춤을 추었다.

3. 结婚结得很晚，孩子现在才三岁。

   결혼을 늦게 해서, 아이가 이제 겨우 3살이다.

4. 吵架吵得很厉害。

   너무 심하게 다투었다.

5. 他睡觉睡得很晚，早上起不来。

   그는 너무 늦게 자서 아침에 일어날 수가 없다.

6. 我怕这个计划会失败，要事先做准备。

   나는 이 계획이 실패할까봐 사전에 준비를 해야겠다.

7. 我记得我们是坐同一班飞机来中国的。

   내 기억으로 우리는 같은 시간대 비행기를 타고 중국에 왔다.

8. 小王表示愿意到艰苦的地方去工作。

   샤우왕은 힘든 곳으로 가서 일을 해도 된다고 의사표명을 했다.

9. 老师们一致认为学生们进步很快。

   선생님들은 모두 학생들의 실력이 빠르게 늘었다고 모두들 여기고 있다.

10. 我看你的要求太高了。

    내가 보기에 너의 요구가 너무 높다.

작문연습

1. 내일 나는 그를 한번 만나려 한다.
   明天我想见他一面。

2. 목욕 좀 하고, 끓인 물 좀 마시고, 하루 쉬면 곧 괜찮아질 것이다.
   洗洗澡, 喝点开水, 休息一天就没事了。

3. 그는 지난주에 병으로 3일 병가를 냈다.
   他上星期因病请了三天假。

4. 노래를 잘 부른다.
   唱歌唱得很不错。

5. 그는 고향을 떠나 외국에 일하러 가기로 결정했다.
   他决定离开家乡去国外工作。

6. 나는 네가 이사 가는 것을 찬성하지 않는다.
   我可不赞成你搬家。

7. 나는 내가 틀렸다는 것을 인정한다.
   我承认我做错了。

8. 나는 네가 내년에 다시 오기를 희망한다.
   我希望你明年再来。

9. 의사는 내가 내일 퇴원하는 것을 동의했다.
   大夫同意我明天出院。

10. 나는 그가 아주 영특한 줄 알았는데, 어리어리할 줄 생각 못했다.
    我以为他很精明, 没想到很糊涂。

第7课 연습해답 – 비교문 I

해석연습

1. 苹果比橘子贵。

   사과는 귤보다 비싸다.

2. 他比你更会精打细算。

   그 사람은 너보다 더 잘 면밀히 계산한다.

3. 他的考试成绩一次比一次好。

   그의 시험성적은 회를 거듭할수록 좋다.

4. 今天的课比昨天延长了二十分钟。

   오늘 수업은 어제보다 20분 연장됐다.

5. 我比他少穿了一件衣服, 当然冷。

   나는 그보다 옷 한 벌을 적게 입어서, 당연히 춥다.

6. 小华起得比小青早。

   샤우화는 샤우칭보다 일찍 일어난다.

7. 他没有我喜欢古典音乐。

   그는 나만큼 고전음악을 좋아하지 않는다.

8. 我的看法跟他的不同。

   내 견해는 그와 다르다.

9. 今年的冬天天气跟去年不一样。

   올해의 겨울날씨는 작년과는 다르다.

10. 他的爱好跟我的差不多。

    그의 취미는 나와 비슷하다.

작문연습

1. 나는 너보다 바쁘다.
   我比你忙。

2. 달리는 것이 수영하는 것보다도 좋다.
   跑步比游泳要好。

3. 그는 나보다 키가 조금 크다.
   他比我高一点儿。

4. 올해 여름은 작년보다 훨씬 덥다.
   今年夏天比去年热得很。

5. 나는 그 사람보다 일 년 늦게 왔다.
   我比他晚来了一年。

6. 나의 룸메이트는 나보다 늦게 잔다.
   我的同屋比我睡得晚。

7. 그녀는 나보다 예쁘지 않다.
   她不比我漂亮。

8. 그의 컴퓨터는 내 것과 같다.
   他的电脑跟我的一样。

9. 그의 신발은 내 것과 크기가 같다.
   他的鞋子跟我的一样大。

10. 이 길은 저 길과 넓이가 같습니까?
    这条路跟那条路一(样)不一样宽?

해석연습

1. 这间屋子不如那间屋子宽敞。

   이 방은 저 방만큼 넓지 않다.

2. 这几天天气冷得像冬天一样。

   요즘 며칠 날씨가 겨울처럼 춥다.

3. 他好像还不知道事情的严重性。

   그는 일의 심각성을 아직 모르는 듯하다.

4. 再顽皮不过了。

   더 이상 장난스러울 수가 없다.

5. 没有什么事比这件事更重要的了。

   이 일보다 더 중요한 일은 없다.

6. 这个班的学生比那个班多十个。

   이 반의 학생은 저 반보다 10명이 많다.

7. 我的体重比弟弟轻五公斤。

   나의 체중은 동생보다 5kg이 가볍다.

8. 温度比昨天降低了三度。

   온도는 어제보다 3도가 떨어졌다.

9. 来台风以后, 蔬菜的价钱比以前贵一点儿。

   태풍이 온 이후에 채소의 가격은 이전보다 조금 비싸다.

10. 金先生比李小姐每天早上班三十分钟。

   찐 선생은 미스 리보다 매일 아침 30분 일찍 출근한다.

작문연습

1. 상하이 팀의 실력은 따렌 팀만 못하다.
   上海队实力不如大连队。

2. 이 짐은 저 짐만큼 무겁지 않다.
   这件行李不如那件重。

3. 당신은 (생긴 것이)당신의 형과 닮았습니까?
   你长得像不像你哥哥?

4. 더 이상 더러울 수 없다.
   脏得不能再脏了。

5. 언니는 나보다 5세가 많다.
   姐姐比我大五岁。

6. 오빠는 나보다 키가 10센티 크다.
   哥哥比我高十公分。

7. 이 수박은 저것보다 한 근이 무겁다.
   这个西瓜比那个重一斤。

8. 중한사전은 한중사전보다 50여 쪽이 많다.
   中韩词典比韩中词典多五十来页。

9. 이 병원의 환자는 감소했다.
   这家医院的患者减少了。

10. 교육 수준이 이전보다 높아졌다.
    教育水平比以前升高了。

第9课 연습해답 - 정도보어

해석연습

1. 她家的庭园布置得很幽雅。

   그녀 집 정원은 매우 운치 있게 꾸며져 있다.

2. 他气得连饭都不想吃了。

   그는 밥조차 먹고 싶지 않을 정도로 화가 났다.

3. 他写汉字写得跟中国人一样快。

   그는 중국인처럼 한자를 빠르게 쓴다.

4. 唱歌唱得太好了，请你再唱一首吧。

   노래를 너무나 잘하니 당신은 한 곡 더 불러 주세요.

5. 这一句翻译得不恰当。

   이 구절은 번역이 적당하지 않다.

6. 他弹钢琴弹得好吗?

   그는 피아노를 잘 칩니까?

7. 我跑得满身都是汗。

   나는 온몸에 땀이 날 정도로 뛰었다.

8. 一天没吃饭，实在是饿死了。

   하루 종일 밥을 안 먹어서 정말 배고파 죽겠다.

9. 他的自行车又丢了，简直把他气坏了。

   그의 자전거를 또 잃어버려서, 그는 정말 화가 났다.

10. 他的汉语说得不错，字写得也挺正确的。

    그는 중국어를 잘 구사하고 글씨도 꾀 정확하게 쓴다.

작문연습

1. 이 일을 매우 이상적으로 처리했다.

   这件事办得很理想。

2. 그는 조금의 여유도 없을 정도로 바쁘다.

   他忙得一点儿空也没有。

3. 주말을 아주 즐겁게 보냈다.

   周末过得很愉快。

4. 그는 춤을 아주 잘 춥니다.

   他跳舞跳得好极了。

5. 말이 분명하지 않으니 큰 소리로 말해 주세요.

   说得不太清楚，请大声一点儿。

6. 그는 중국어를 유창하게 구사합니까?

   他汉语说得流不流利?

7. 시험을 잘 봤습니까?

   考试考得怎么样?

8. 그는 말을 정말 빨리한다.

   他说话说得真快。

9. 이 소식을 들은 후 아이들은 매우 기뻐했다.

   听到这个消息后，孩子们高兴极了。

10. 그는 자동차 운전하는 것이 어떻습니까?

    他开车开得怎么样?

第10课 연습해답 - 가능보어 Ⅰ

해석연습

1. 这座山不太高, 我爬得上去。

   이 산은 그다지 높지 않아서, 나는 올라갈 수 있다.

2. 只是一瓶而已, 我喝得了。

   단지 한 병뿐이니, 나는 마실 수 있다.

3. 我只是懂一点儿, 谈不上是专家。

   나는 단지 조금만 이해하니, 전문가라고 말할 수 없다.

4. 错字太多了, 一时改不了这么多。

   틀린 글자가 너무 많아서, 갑자기 이렇게 많이 고칠 수 없다.

5. 这个礼堂容纳不下三百人。

   이 강당에는 300명을 수용할 수 없다.

6. 这个谜语你猜得着吗?

   이 수수께끼를 당신은 맞출 수 있습니까?

7. 这场足球赛我们一定赢得了。

   이번 축구경기에서 우리는 분명 이길 수 있다.

8. 他改不了晚上吃零食的习惯。

   그는 밤에 간식 먹는 습관을 고칠 수 없다.

9. 已经跑了三圈, 再也跑不动了。

   이미 세 바퀴를 뛰어서 더 이상 뛸 수 없다.

10. 这件事情责任太重, 我担不起。

    이 일에 대한 책임이 너무 무거워 나는 감당할 수 없다.

작문연습

1. 샤우왕을 만날 수 없다면, 너는 메모를 남겨라.
   见不到小王的话, 你留个字条儿吧。

2. 다시 한 번 들으면, 누구 목소리인지 알아들을 수 있다.
   再听一遍, 就能听得出是谁的声音。

3. 내용이 너무 재미없어서, 더 이상 봐 내려갈 수 없다.
   内容太没意思了, 再也看不下去了。

4. 좋은 방법을 생각해 낼 수 없습니까?
   想不出好办法来吗?

5. 이 상자에 책 20권을 넣을 수 없다.
   这个箱子装不下二十本书。

6. 우리 둘은 이렇게 많은 음식을 다 먹을 수 없다.
   我们俩吃不了这么多菜。

7. 그의 모습을 한평생 잊을 수 없을 것이다.
   他的样子, 一辈子也忘不了。

8. 그의 병은 아마도 나아질 수 없다.
   他的病恐怕好不了。

9. 그는 걱정스러워 잠을 이루지 못한다.
   她担心得睡不着觉。

10. 이 수박은 틀림없어. 보증하건대, 달 것이다.
    这个西瓜错不了, 保证很甜。

해석연습

1. 我已经提醒你好几遍了，怎么还记不住?

   내가 이미 여러 번 너를 일깨워 줬는데, 왜 아직 기억하지 못하니?

2. 我方达不到你方要求的标准。

   우리 측은 당신 측에서 요구하는 표준에 도달하지 못합니다.

3. 钥匙忘带了，进不去了。

   열쇠를 잊고 휴대하지 않아 들어갈 수가 없다.

4. 他说到一半儿就哭了，再也说不下去了。

   그는 반쯤 말하다 울어 버리고 말을 더 해 내려가지 못했다.

5. 说惯了，怎么也改不过来。

   말이 습관이 되면 마무리해도 고칠 수가 없다.

6. 还有一个小时飞机就要起飞了，再不出发就来不及了。

   한 시간 있으면 비행기는 곧 이륙하니, 더 이상 출발하지 않는다면 늦게 됩니다.

7. 满汉大餐太贵了，一般人是吃不起的。

   만한따찬 요리는 너무 비싸 일반 사람은 먹을 수 없다.

8. 不是这个地方，就吃不着这么新鲜的海味儿。

   이 지역이 아니면 이런 신선한 해산물을 먹어 볼 수 없다.

9. 四川火锅太辣了，我可吃不来。

   쓰촨훠꿔 요리는 너무 매워서, 나는 먹을 수 없다.

10. 牙疼，吃不动这么硬的东西。

    이가 아파서 이런 단단한 것은 씹을 수가 없다.

작문연습

1. 몇 번을 들어도 여전히 할 줄 모른다.

   听了几遍, 还是学不会。

2. 나는 너를 떠날 수 없어. 마치 고기가 물을 떠날 수 없는 것처럼.

   我离不开你, 像鱼离不开水一样。

3. 주위가 너무 시끄러워 잘 잘 수가 없다.

   周围太吵了, 睡不好。

4. 선생님의 말씀이 너무 빨라 나는 받아 적을 수 없다.

   老师说得太快了, 我写不下来。

5. 그는 오만해서, 늘 다른 사람을 무시한다.

   他很骄傲, 总是看不起别人。

6. 내일이면 바로 시험인데 지금 와서 복습한다면 시간이 되겠습니까?

   明天就要考试了, 现在才复习来得及吗 ?

7. 다 보지 못하겠으니, 남은 것은 내일 다시 보자.

   看不了了, 剩下的明天再看吧。

8. 이미 배 불리 먹어서, 아무리 맛있는 음식이라도 못 먹겠다.

   已经吃饱了, 再好吃的菜也吃不下了。

9. 나는 밥을 배불리 먹지 않으면 걸을 수가 없다.

   我吃不饱饭, 就走不动。

10. 만두를 그만 싸세요. 다 먹지 못합니다.

    饺子别再包了, 省得吃不完。

第12课 연습해답 – 결과보어 I

해석연습

1. 说了好几遍, 才听懂了他说的话。

   여러 번 말하고서야 비로소 그가 한 말을 알아들었다.

2. 教室里太吵了, 我没有听清楚。

   교실 안이 너무 시끄러워 나는 알아듣지 못했다.

3. 录音机修好了吗?

   녹음기는 수리가 되었습니까?

4. 他把这个故事写成了一篇歌剧。

   그는 이 이야기를 한 편의 뮤지컬로 만들었다.

5. 昨天我买到了去成都的火车票。

   어제 나는 청뚜로 가는 기차표를 샀다.

6. 我不知不觉就走到海边。

   나도 모르는 사이 해변까지 걸어왔다.

7. 他每天学习到十二点才肯睡。

   그는 매일 12시까지 공부를 하고서야 잔다.

8. 他爱上了一个邻居家的小姐。

   그는 이웃집의 한 아가씨를 사랑하게 됐다.

9. 你没注意听, 当然没听见。

   너는 주의 깊게 듣지 않아서 당연히 듣지 못했다.

10. 以前是个漂亮的客厅, 现在变成了仓库。

    이전에는 아름다운 응접실이었는데, 지금은 창고로 변했다.

작문연습

1. 선생님이 하신 말씀을 우리는 다 알아들었다.
   老师说的话我们都听懂了。

2. 아이들은 다 잠들었다.
   孩子们都睡着了。

3. 너는 그의 전화번호를 기억했니?
   你记住他的电话号码了吗?

4. 나는 이 당시를 한국어로 번역했다.
   我把这首唐诗翻译成韩文了。

5. 샤우왕이 보낸 편지를 나는 오늘에야 비로소 받았다.
   小王寄来的信, 我今天才收到。

6. 어두워졌으니 너를 집 문 앞까지 데려다 주마.
   天黑了, 送你到你家门口。

7. 당신이 대학에 합격한 것을 축하합니다.
   恭喜你考上大学了。

8. 나는 창문을 닫았다.
   我关上了窗户。

9. 방청소를 다 끝내고 단지 응접실만 남았다.
   房间打扫完了, 只剩下客厅了。

10. 어제는 10년 동안 만나지 못한 오래된 동창을 우연히 만났다.
    昨天遇见了十年没见的老同学。

해석연습

1. 请你拿好这个塑料带。

   당신은 이 비닐봉지를 잘 가지고 있으세요.

2. 已经想清楚了以后该怎么做。

   이후에 어떻게 해야 하는지를 이미 생각을 마쳤다.

3. 肚子虽然不饿, 可是把菜都吃干净了。

   배는 비록 고프지 않지만, 음식은 모두 깨끗이 먹어 버렸다.

4. 这里不是医院, 你打错号码了。

   이곳은 병원이 아니다. 너는 전화를 잘못 걸었다.

5. 这回他总算做对了。

   이번에야 결국은 일을 잘했다.

6. 他把冰箱里的菜都吃光了。

   그는 냉장고 속의 음식을 다 먹어 치웠다.

7. 这个月的零用钱不到一个星期就花光了。

   이번 달 용돈을 1주일도 안 되어서 다 써 버렸다.

8. 日本队又输给韩国队了。

   일본 팀은 또 한국 팀에게 졌다.

9. 昨天玩牌玩到十二点才结束了。

   어제는 카드게임을 12시까지 놀다가 겨우 끝이 났다.

10. 最好别把车停在门口。

   차를 문 입구에 세우지 않는 편이 좋겠다.

작문연습

1. 오늘요리는 잘못 주문했다. 비싸고 맛도 없다.
   今天的菜点错了，又贵又不好吃。

2. 내가 도대체 무엇을 잘못했습니까?
   我到底做错了什么?

3. 결과가 설명해 주듯이 이번 결정은 그가 잘 생각한 것이다.
   结果说明这次决定是他想对了。

4. 나는 사장님을 공항까지 배웅하는 일을 책임지고 있다.
   我负责把老板送到机场。

5. 방은 깨끗이 치웠습니까?
   房间收拾干净了没有?

6. 네가 명확하게 쓰지 않으면 내가 어떻게 보겠습니까?
   你不写清楚，我怎么看?

7. 그는 한 번도 제대로 말한 적이 없다.
   他一次也没说对。

8. 이런 종류의 물고기는 다 팔렸다.
   这种鱼全都卖光了。

9. 나는 그에게 문자메시지 한 통을 보냈다.
   我发给他了一个手机短信。

10. 그들은 자료를 책상 위에 올려놨다.
    他们把资料放在桌子上。

第14课 연습해답 - 방향보어 I

해석연습

1. 有关医学方面的书都是借来的。

   의학방면에 관한 책은 모두 빌려 온 것이다.

2. 他跪下求婚, 我也跟着跪下了。

   그가 무릎을 꿇어 구혼을 하자 나도 따라서 무릎을 꿇었다.

3. 明天我要给弟弟送几件衣服去。

   내일 나는 남동생에게 옷 몇 벌을 보내 줘야 한다.

4. 真抱歉, 给你带来这么多麻烦。

   정말 미안해. 너에게 이렇게 큰 번거로움을 끼치게 되었다.

5. 一直走下去就是校门。

   쭉 걸어서 내려가니 바로 교문이다.

6. 拿出护照来, 给我看看吧。

   여권을 꺼내어 제게 보여 주세요.

7. 看完的画报, 请放回原来的地方去。

   다 본 잡지는 원래 자리에 돌려놓으세요.

8. 这么小的船渡不过这条河去。

   이렇게 작은 배는 이 강을 건널 수 없다.

9. 病人终于醒过来了。

   환자는 드디어 깨어났다.

10. 孩子们高兴得跳了起来。

    아이들은 기뻐하면서 껑충 뛰었다.

작문연습

1. 밖은 추우니 어서 안으로 들어오세요.
   外边很冷，快进来吧。

2. 선생님은 나가셨다.
   老师出去了。

3. 그는 수업을 마치고 바로 집으로 돌아갔다.
   他上完课就回家去了。

4. 샤우챵은 종종 중국에 간다.
   小强常常到中国去。

5. 나는 그에게 편지 한 통을 보냈다.
   我给他寄去了一封信。

6. 내 친구는 도서관으로 걸어 들어왔다.
   我朋友走进图书馆来了。

7. 그는 이미 공항 안으로 걸어 들어갔다.
   他已经走进机场去了。

8. 그는 중국에서 물건을 좀 가져왔다.
   他从中国带回一些东西来了。

9. 일어나 주세요.
   请你站起来。

10. 모두 손을 들어 주세요.
    大家都举起手来。

第15课 연습해답 - 방향보어 Ⅱ

해석연습

1. 小李上楼来了。

   샤우리는 위층으로 올라왔다.

2. 我给姐姐寄去了一张明信片。

   나는 언니에게 엽서 한 장을 부쳤다.

3. 快把书合上, 别打开。

   빨리 책을 덮고, 펼치지 마라.

4. 信封上贴上了邮票。

   편지봉투에 우표를 붙였다.

5. 这件事给我留下了深刻的印象。

   이 사건은 나에게 깊은 인상을 남겼다.

6. 听来真是分不出谁是谁。

   들어 보니 정말 누가 누구인지 구별하기 힘들다.

7. 他露出为难的样子。

   그는 난처한 모습을 드러냈다.

8. 别放在心上, 想开一点儿吧。

   마음에 두지 마라, 좀 넓게 생각해라.

9. 找来找去, 找了半天, 终于找到了合适的衣服。

   이리저리 한참 찾다 드디어 적합한 옷을 찾았다.

10. 他急得在房间里走来走去。

    그는 조급하여 방 안에서 왔다 갔다 했다.

1. 문을 여세요.
   请打开门。

2. 샤우밍은 어제 꽃 화분을 하나 보내왔다.
   小明昨天送来了一盆花。

3. 앞쪽에서 자동차 한 대가 (운전해)왔다.
   前面开过来一辆汽车。

4. 샤오왕은 중점 대학교에 합격했다.
   小王考上了重点大学了。

5. 3번 선수는 5번 선수를 따라잡았다.
   三号选手追上了五号选手。

6. 기자는 이 귀중한 사진을 찍었다.
   记者拍下了这个珍贵的照片。

7. 그는 머리를 돌려 나를 한번 쳐다보았다.
   他回过头看了我一眼。

8. 저 사람은 보아하니 매우 착실해 보인다.
   那个人看来很老实。

9. 그가 돌아온다는 소식은 널리 퍼졌다.
   他要回来的消息传开了。

10. 장황하게 말을 해도 결론을 내리지 못했다.
    说来说去还没有下结论。

第16课 연습해답 – 방향보어 Ⅲ

해석연습

1. 演讲完了, 大家就鼓起掌来了。

   강연이 끝나자, 모두 박수치기 시작했다.

2. 我们大家团结起来吧。

   우리 모두 단결하자.

3. 算起来, 我搬到这儿来也有十年了。

   따져 보니 내가 여기로 이사 온 지도 10년이 되었다.

4. 这个故事真有趣, 继续说下去吧。

   이 이야기는 정말 재미가 있으니 계속 말해라.

5. 究竟为什么, 我也说不上来。

   도대체 왜 그런지 나도 말해 낼 수가 없다.

6. 把电话号码记下来了。

   전화번호를 적어 놨다.

7. 他把报纸上登的招聘广告剪下来了。

   그는 신문에 난 초빙광고를 오려 두었다.

8. 不够的工资, 下个月再给你补上去。

   부족한 임금은 다음 달에 다시 보충해 주겠다.

9. 请你帮帮忙, 我一个人忙不过来。

   당신이 좀 도와주세요. 나 혼자서 바쁜 상황을 감당할 수 없다.

10. 他一句话都没说完车子就开走了。

    그는 말 한 마디를 다 하지 못하고 차가 바로 가 버렸다.

작문연습

1. 샤우란은 천천히 나와 이야기하기 시작했다.
   小兰慢慢儿地跟我聊了起来。

2. 판매원은 내가 산 선물을 싸기 시작했다.
   售货员把我买的礼物包起来了。

3. 이렇게 끌어 버리면 좋은 결과가 없을 것이다.
   这么拖延下去，不会有好结果的。

4. 이 선생은 벽에 있는 달력 한 장을 찢어 버렸다.
   李先生把墙上的一张月历撕下来了。

5. 나는 그 시를 몇 번 읽고 바로 외워 버렸다.
   那首诗我念了几遍就背上来了。

6. 당신이 말한 그 일을 나는 막 생각났다.
   你说的那件事，我刚刚想起来了。

7. 외투를 벗어서 옷걸이에 걸다.
   把大衣脱下来，挂在衣架上。

8. 이 공장은 또 신상품을 만들어 냈다.
   这家工厂又生产出(一批)新产品来了。

9. 그 편지는 부쳐 버려서 지금은 회수할 수가 없다.
   那封信寄出去了，现在收不回来了。

10. 그는 그 나쁜 습관을 고쳤다.
    他把那坏习惯都改过来了。

第17课 연습해답 – 반어문 I

해석연습

1. 你明年就要毕业了, 不是吗?

   당신은 내년에 곧 졸업을 합니다. 그렇지 않습니까?

2. 你没听到电话铃响了吗?

   너는 전화벨이 울리는 것을 듣지 못했어?

3. 这个也不吃, 那你想吃什么?

   이것도 안 먹으면, 그럼 당신은 뭐가 먹고 싶습니까?

4. 后天他来这儿, 能不高兴吗?

   모레 그가 여기로 오는데, 아니 기쁠 수 있겠는가?

5. 我不想再见他, 我和他之间还有什么好谈的。

   나는 더 이상 그가 보고 싶지 않다. 나와 그 사람 간에 나눌 이야기가 무엇
   이 더 있겠나.

6. 这些钱能买什么呀?

   이 돈들로 무엇을 살 수 있겠습니까?

7. 我自己家里的事情, 我怎么不知道。

   내 집안의 일인데, 내가 어찌 모르겠어.

8. 这哪儿是我喜欢吃的菜呀?

   이것이 어디 내가 좋아하는 음식이니?

9. 还看什么, 她已经走了。

   무엇을 아직 보는 거야 그녀는 벌써 갔다.

10. 这么小的事, 有什么难过的!

   이런 작은 일에 슬플 것이 무엇이 있어.

작문연습

1. 내가 당신에게 주지 않았습니까?
   我不是给你了吗?

2. 내가 당신에게 말하지 않았습니까?
   我没跟你说吗?

3. 지금 말하지 않으면 언제 말하겠니?
   现在不说, 什么时候说?

4. 누가 그의 이름을 모르겠어?
   谁不知道他的名字!

5. 그가 무엇을 생각하고 있는지 내가 어떻게 압니까.
   我怎么知道他在想什么。

6. 무엇을 웃어?
   笑什么笑?

7. 이 구절이 뭐가 어렵습니까?
   这个句子难什么?

8. 그가 어디 너의 맞수가 되겠니?
   他哪儿是你的对手啊?

9. 미국이 뭐가 좋아!
   美国有什么好!

10. 내가 이렇게 말하는 것이 뭐가 틀렸어?
    我这么说有什么不对吗?

해석연습

1. 不劳动, 哪里能期待收获?

   노동을 하지 않으면 어디 수확을 기대할 수 있습니까?

2. 我哪能比得了他呀?

   내가 어떻게 그와 견줄 수 있겠어?

3. 你要说清楚点儿, 我什么时候打瞌睡了?

   너는 말을 분명히 해야만 해. 내가 언제 졸았니?(안 졸았다.)

4. 天下哪有那么便宜的事儿!

   하늘 아래 어디에 그런 쉬운 일이 있겠습니까?(없습니다.)

5. 他是个歌星, 不唱歌还能干什么?

   그는 가수인데, 노래를 부르지 않으면 무엇을 할 수 있겠어?

6. 不就是十块嘛, 还贵什么?

   십 원일 뿐이잖아, 무엇이 비싸다는 거야?(전혀 비싼 것이 아니다.)

7. 有你这样说话的人吗?

   너처럼 이렇게 말하는 사람이 있겠어?

8. 这么容易的事, 你难道不懂吗?

   이런 쉬운 일을 당신은 설마 이해가 안 된다는 것입니까?

9. 他在家里都不唱歌, 何况在大众面前呢?

   그는 집에서도 노래를 부르지 않는데 하물며 대중들 앞에서는?

10. 三百块钱还嫌贵吗?

   300원도 비싸다고 여깁니까?(비싼 것이 아니다.)

작문연습

1. 아이가 어떻게 아버지의 말을 듣지 않을 수가 있는가?

   孩子哪能不听爸爸的话呢?

2. 어디 이런 예의 없는 사람이 있는가?

   哪有他这样没有礼貌的人?

3. 어디에 이런 이상한 일이 일을 수 있을까?

   哪儿会有这种奇怪的事呢?

4. 이렇게 많은 음식을 먹었는데, 아직 배가 고프다고?

   吃了这么多东西, 还饿吗?

5. 설마 내가 꿈을 꾸고 있는 것인가?

   难道我在做梦吗?

6. 이렇게 진지할 필요가 있니? 단지 장난친 것뿐인데.

   何必这么认真呢? 只是开玩笑而已。

7. 이것 더 물어볼 필요가 있어? 안 되는 것은 안 되는 것이다.

   这还用问? 不行就是不行!

8. 더 말할 필요가 있니? 그는 일본에서 10년을 있었으니 일어를 당연히 잘한다.

   那还用说? 他在日本呆了十年, 日语说得当然很好。

9. 택시를 한 번 탄 것뿐이잖아?

   不就是坐了趟出租车吗?

10. 너도 옮길 수 없는데, 하물며 나는?

    你都搬不动, 何况我呢?

第19课 연습해답 – 접속사

해석연습

1. 她们俩是妈妈和女儿的关系。

   그 두 사람은 엄마와 딸의 관계이다.

2. 我们当中他住得最远，然而他来得却最早。

   우리 가운데 그가 가장 멀리 사는데 그러나 그가 오히려 가장 일찍 온다.

3. 你既然知道学习重要，就应该坚持下去。

   당신은 학습의 중요성을 알았다면 마땅히 지속해야만 한다.

4. 要不是汽车坏了，我们早就到了。

   차가 고장이 나지 않았다면 우리는 벌써 도착했을 것이다.

5. 要提高业务能力，不然就要落后人家了。

   업무 능력을 향상시켜야만 한다. 그렇지 않으면 바로 다른 사람에게 뒤처진다.

6. 快把衣服穿上吧，要不然会着凉的。

   빨리 옷을 입어라 그렇지 않으면 감기에 걸릴 수 있다.

7. 别为了那点儿小事发脾气。

   그런 작은 일 때문에 화내지 마라.

8. 这孩子智力高，就是高等数学题也能做。

   이 아이는 지혜가 높아 고급 수학문제일지라도 풀 수 있다.

9. 影片的内容很简单，甚至只学过一年汉语的人都能听懂。

   영화의 내용은 간단하여, 심지어 중국어를 일 년밖에 배우지 않은 사람도 알아들을 수 있다.

10. 尽管他说得不对，你也应该让他说完。

    비록 그의 말이 틀렸을지라도 너는 그가 말을 다 마치도록 해야 한다.

작문연습

1. 장 선생님과 나는 다 쓰촨 사람이다.

   张老师跟我都是四川人。

2. 그는 자주 한 끼는 먹고 한 끼는 굶다 보니 위병이 났다.

   他经常吃一顿饿一顿，因此得了胃病。

3. 큰비가 오기 때문에 야구 시합이 연기되었다.

   因为下大雨，所以棒球比赛延期了。

4. 만약 네가 어려움이 있다면 나는 반드시 돕는다.

   如果你有困难，我一定帮忙。

5. 그가 만약 이 소식을 알게 되면 분명히 기뻐할 것이다.

   他要是知道了这个消息，一定很高兴。

6. 그는 나의 친구이기도 하고 또한 생명의 은인이기도 하다.

   他是我的朋友，而且也是救命恩人。

7. 안전을 위해 나는 차라리 걸어가겠다.

   为了安全我宁愿走着去。

8. 비록 모두가 그를 뽑았지만 그러나 개인마다 생각은 다 같은 것은 아니다.

   尽管大家都选了他，然而个人的想法不都一样。

9. 만약 가능하다면 나는 중국에 가서 사업을 하고 싶다.

   要是可能的话，我想去中国做生意。

10. 돈만 있으면 나는 유럽에 한번 가 봐야겠다.

    只要有钱，我就要去欧洲看看。

第20课 연습해답 - 복문 I

해석연습

1. 今年出产的桃子跟以前的不一样，个儿又大又甜。

   금년에 생산된 복숭아는 이전과 다른데 알이 크고 달다.

2. 中国西部，既有美丽的景观，又有丰富的资源。

   중국서부는 경관이 아름답기도 하고 자원이 충부하기도 하다.

3. 答应也好，不答应也好，都得去一趟。

   승낙을 해도 좋고 안 해도 좋고 다 한번 가야만 한다.

4. 这条路不但人多，而且来往的车也很多。

   이 길은 사람이 많을뿐더러 또한 오가는 자동차도 많다.

5. 他不但工作认真，而且办事也很谨慎。

   그는 진지하게 일을 할 뿐 아니라 또한 일 처리도 신중하다.

6. 毕业以后当翻译或者当导游，我都很乐意。

   졸업한 후에 번역사 혹은 가이드가 된다면 나는 모두 기꺼이 하고자 한다.

7. 他虽然失败了很多次，可是并不灰心。

   그는 비록 실패를 많이 했지만 결코 낙심하지 않는다.

8. 尽管困难很多，但我相信一定能成功。

   비록 어려움이 많지만 나는 꼭 성공할 것이라고 믿는다.

9. 因为工作很忙，所以很长时间没来看你。

   일이 바빴기 때문에 그래서 오랜 시간 너를 보러 오지 못했다.

10. 由于时间的关系，所以今天只能看到这儿。

    시간 관계상 오늘은 여기까지만 볼 수밖에 없다.

1. 이곳에 패스트푸드점이 한 집 있는데 저곳에도 있다.
   这儿有家快餐店, 那儿也有。

2. 어떤 때는 바쁘고 어떤 때는 한가하다.
   有的时候忙, 有的时候很清闲。

3. 아이는 잠시 울다 잠시 웃다 한다.
   孩子一会儿哭一会儿笑。

4. 이곳의 상품은 싸고 튼튼하기도 하다.
   这儿的商品很便宜, 而且很结实。

5. 그는 쉴 때 책을 보지 않으면 신문을 본다.
   他在休息的时候, 不是看书, 就是看报。

6. 모두 먼저 주제를 토론하고 그다음에 다음 단계를 진행하세요.
   请大家先讨论主题, 再进行下一步。

7. 날이 막 밝자 아버지는 바로 나가셨다.
   天刚亮, 爸爸就出去了。

8. 이 문장은 너무 어려운 것이 아니라 오히려 너무 쉽다.
   这篇文章不是太难了, 而是太容易了。

9. 가기는 가지만 당일 돌아와야 한다.
   去是去, 可是当天就要回来。

10. 감기에 걸려 그녀는 오늘 수업을 하러 갈 수가 없다.
    因为感冒了, 她今天不能去上课。

해석연습

1. 由于时间的关系, 所以今天只能讲到这儿。

   시간 때문에 오늘은 여기까지만 강의할 수밖에 없다.

2. 要是一出校门有一个立交桥就方便多了。

   만약 교문을 나서서 교차로가 하나 있으면 편리하겠다.

3. 这里无法过江, 因为水流太急。

   이곳은 강을 건널 수 없다. 물살이 너무 급하기 때문이다.

4. 除非你们答应他们的要求, 他们才会签订合同。

   너희가 그들의 요구에 승낙을 해야만이 그들은 비로소 계약서에 서명을 할
   것이다.

5. 除了小张, 大家都学了太极拳。

   샤우짱을 제외한 (다른)모두는 태극권을 배웠다.

6. 不管有什么理由, 都不应该这样对待他。

   어떤 이유가 있든지 간에 그를 이렇게 대해서는 안 된다.

7. 只要经常锻炼, 就能增强抵抗疾病的能力。

   체력단련을 자주 한다면 질병을 저항하는 능력이 증강될 수 있을 것이다.

8. 宁可自己吃亏, 也要多帮助别人。

   자신이 손해를 보더라도 다른 사람을 도와야 한다.

9. 为了庆祝他的生日, 我们决定给他开个生日晚会。

   그의 생일을 축하하기 위해 우리는 그에게 생일파티를 열어 주기로 결정을
   했다.

10. 开车不要超速, 以免发生意外。

    운전할 때 과속을 하지 마세요. 뜻밖의 사고 발생을 방지할 수 있도록.

1. 감기가 들어서 그녀는 오늘 수업을 하러 갈 수가 없다.
   因为感冒了，她今天不能去上课。

2. 만약에 문제가 있으면 언제든지 나를 찾아와도 된다.
   如果有问题的话，可以随时来找我。

3. 그의 도움이 아니었다면 이번에 아마 또 실패했을 것이다.
   要不是他的帮忙，这一次可能又失败了。

4. 기왕에 가기로 결정했다면 시간을 끌지 마라.
   既然决定去了，就别拖时间了。

5. 샤우짱뿐 아니라 샤우리와 샤우쑨도 서예를 배우기 시작했다.
   除了小张，小李和小孙也开始学书法了。

6. 열심히 배워야만이 비로소 목표에 달성할 수 있다.
   只有努力练习，才能达到目标。

7. 이 일은 모두 다 오면 그 때 함께 토론합시다.
   这件事等大家都到了再一起讨论吧。

8. 날씨가 이렇게 더운데 영화를 보느니 차라리 수영하러 가는 것이 낫다.
   天气这么热，与其看电影，不如去游泳。

9. 그는 어제 일 때문에 걱정이 되어 잠들지 못한다.
   他为昨天的事情而担心得睡不着觉。

10. 동물원의 펜더를 아이들뿐만 아니라, 어른들도 보는 것을 좋아한다.
    动物园的熊猫，不但小孩子喜欢，连大人也爱看。

권호종 ────────────────────────────────

　　서울대학교 인문대 중문과 문학사
　　서울대학교 대학원 중문과 문학석사
　　서울대학교 대학원 중문과 문학박사
　　중국연대사범대학 교환교수
　　현 경상대학교 중어중문학과 교수

황영희 ────────────────────────────────

　　국립대만대학교 중국문학과 문학사
　　국립대만대학교 중국문학연구소 문학석사
　　국립대만사범대학교 국문연구소 문학박사
　　현 세명대학교 중국어학과 교수

중국어 문형 노트

초판인쇄 | 2009년　8월　25일
초판발행 | 2009년　8월　25일

지은이 | 권호종 · 황영희
펴낸이 | 채종준
펴낸곳 | 한국학술정보㈜
주　소 | 경기도 파주시 교하읍 문발리 파주출판문화정보산업단지 513-5
전　화 | 031) 908-3181(대표)
팩　스 | 031) 908-3189
홈페이지 | http://www.kstudy.com
E-mail | 출판사업부　publish@kstudy.com

등　록 | 제일산-115호(2000. 6. 19)
가　격 | 23,000원

ISBN　978-89-268-0369-1 93720 (Paper Book)
　　　　978-89-268-0370-7 98720 (e-Book)

이담 Books 는 한국학술정보(주)의 지식실용서 브랜드입니다.